Ⓢ新潮新書

内田 樹
*UCHIDA Tatsuru*

# 日本辺境論

336

# はじめに



みなさん、こんにちは。内田樹です。今回は「日本辺境論」です。アメリカ論、中国論と来て、今回は日本論。日本は辺境であり、日本人固有の思考や行動はその辺境性によって説明できるというのが本書で私が説くところであります。

もちろん、日本の周縁性や辺境性や後進性によって日本文化の特殊性を語られた方はこれまでにたくさんおられました。ですから、最初にお断りしておきますけれど、本書のコンテンツにはあまり（というかほとんど）新味がありません（「辺境人の性格論」は丸山眞男からの、「辺境人の時間論」は澤庵禅師（たくあんぜんじ）からの、「辺境人の言語論」は養老孟司先生からの受け売りです。この場を借りて、先賢に謝意を表しておきます）。

でも、新味があろうとなかろうと、繰り返し確認しておくことが必要な命題というのはあります。私たちはどういう固有の文化をもち、どのような思考や行動上の「民族誌的奇習」をもち、それが私たちの眼に映じる世界像にどのようなバイアスをかけているか。それを確認する仕事に「もう、これで十分」ということはありません。朝起きたら顔を洗って歯を磨くようなものです。一昨日洗ったからもういいよというわけにはゆきません。

放っておくとすぐに混濁してくる世界像を毎日補正する。手間もかかるし、報われることも少ない仕事ですけれど（「雪かき」とか「どぶさらい」みたいなものですから）、きちんとやっておかないと、壁のすきまからどろどろとしたものが浸入してきて、だんだん住む場所が汚れてくる。私はそれが厭なんです。住むところは原則きちんとしておきたい。別に部屋が狭くても、不便でも、安普請でもいい。すみずみまで掃除が行き届いていて、ささやかな家具がていねいに磨き込まれているような空間にしておきたい。

汚い部屋にいる方が居心地がいい、という人ももちろんいます。適度に自分の出した汚物にまみれている方が「自分らしい」という気持ちもわからないではありません。けれども、それだと家に「お客さん」を迎えられない。家の中を汚しっぱなしにする人は、家の中はぴかぴかに磨き上げられ、塵一つ落ちていないけれど、他人が来て汚されると厭だから家には誰も呼ばないという神経症的なきれい好きと、排他的である点では双生児のように似ています。

私が「お掃除をきちんとしておく方がいい」と申し上げているのは、要するに、いつでも「お客さん」を迎え入れることができるようにしておくことがたいせつだと思っているからです。「お客さん」とは「他者」のことです。あとの方で出てきますから、そのときにまたご説明しますけれど、今のところは「まあ『他者』と言ったら、他の人のことだわな」というくらいの理解で十分です。とにかく、本書は「お客さん」を家に迎え入れるために「お掃除」するということを目的とした本です。

お掃除ですから、それほど組織的に行われるわけではありません。というか、お掃除というのはもともと組織的にやるものではないんです。組織的かつ徹底的にやろうと思うと、思っただけでうんざりして、つい先延ばしにしてしまいますから。お掃除の要諦は「徹底的にやってはいけない」ということです。とりあえず「足元のゴミを拾う」ことで満足する。手のつけられないほど散乱した場所を片付けるという経験をされた方はおわかりでしょうけれど、足元のゴミを拾うところからしかカオスの補正は始まらない。完璧な作業工程表に基づき、システマティックかつ合理的に掃除をするということは原理的に不可能なんです。そのような工程表の作成に投じる余力があるような事態はそもそも「カオス」とは呼びませんから。

この本もそうです。「お掃除本」ですので、とりあえず「足元のゴミを拾う」ところから始める。一つ拾ったら、目に入った次のゴミを拾う。最初のゴミが空き缶で、次のゴミが段ボール箱で、というときに「拾い方に体系性がない」とか「サイズを揃えてもってこい」とか言われても困ります。そういうことを言うのは掃除をしたことのない人間です。

「民族誌的奇習の補正」というような作業は本質的にエンドレスです。社会集団が存在する限り、どこにも固有の思考上・行動上の奇習奇癖があり、それをなくしたら、その社会集団は別のものになってしまう（あるいはなくなってしまう）。ですからそれを根治根絶することはできません。第一、その作業をしているのが当の奇習を日々実践している当人たちであるわけですから、何をしてもそこに奇習が再生産されてしまうことは避けがたい。

これは山頂まで岩を押し上げると、岩が転げ落ち、それをまた山頂まで押し上げるという永劫（えいごう）の罰を受けたギリシャ神話のシシュフォスの労役に似ています。アルベール・

カミュは、谷底へ転がり落ちた岩を押し上げるために山頂から再び谷底へ戻ってゆくときのシシュフォスの一瞬の休息のうちに人間の尊厳を見出しました。

「坂を下っている、このわずかな休息のときのシシュフォスが私を惹きつける。(……)重く、しかし確かな足取りで、終わりを知らない苦役に向かって山を下る男の姿が見える。息継ぎのように、そして彼の不幸と同じように確実に回帰してくるこの時間は覚醒の時間でもある。山頂を離れ、ゆっくりと神々の巣穴に向けて下ってゆくこの一瞬一瞬において、彼は彼の運命に優越している。彼は彼の岩よりも強い。(……)彼が山を下りながら考えているのは彼自身の状況についてである。彼の苦しみを増すはずのその明察が同時に彼の勝利を成就する。どのような運命もそれを俯瞰するまなざしには打ち勝つことができないからだ。[1]」

シシュフォスとともに山を下りながら、私たちも私たち自身の状況について考えたいと思います。「辺境性」という私たちの「不幸」(というより、私たちの「宿命」)は、今までもこれからも確実に回帰し、永遠に厄介払いすることはできません。でも、明察を以てそれを「俯瞰する」ことなら可能です。私たちは辺境性という宿命に打ち勝つことはできませんが、なんとか五分の勝負に持ち込むことはできる。

なんだか、開巻早々に結論まで書いてしまったような気分ですけれど、そういうわけで、これは「お掃除」仕事であり、かつエンドレスの仕事でありますので、「論の展開に体系性がない」とか「そもそも結論がない」などと言われても困るということをあらかじめお断りしているのです。とりあえず目についたトピックから順番に拾ってゆくという方針ですので、話はあちらへ行きこちらへ戻り、話頭は転々とします。でも、本一冊分だけお掃除が進めば、部屋の中はそれだけ片付いて来るのではないかと期待しております。

最初の論件に入る前に、さらに二三お断りしておかなければいけないことがあります。

第一に、本書は体系的でないのみならず、「ビッグ・ピクチャー」(「大風呂敷」とも言います)、つまりたいへん大雑把な話です。卑弥呼の時代から現代まで、仏教からマンガまでを「辺境」というただ一つのスキームで論じようというのですから、大雑把になることはやむを得ません。ですから、まことに申し訳ありませんが、本書では学術的厳密性ということは一切顧慮しておりません。私も学者ですから、学術的厳密性ということのたいせつさは熟知しております。けれども、世の中にはその種の厳密さが死活的に重要な領域もあり、そうでもない領域もあります。本書が行うのは「辺境性」という補助線を引くことで日本文化の特殊性を際立たせることですが、この作業はまったく相互に関連のなさそうな文化的事例を列挙し、そこに繰り返し反復してあらわれる「パターン」を析出することを通じて行われます。ですから、相互に関連のない事例をランダムに列挙している人間をつかまえて「相互に関連のない事例をランダムに取り上げている」と文句を言われても困る。そういうことをやろうと思ってやっているわけですから。「辺境性」はフラクタルのようにあらゆる事象に（政治イデオロギーにも、宗教にも、言語にも、親族制度にも）同一のパターンを以て回帰しますから。「おや、こんなところにも、こんなところにも……」という驚きを経験することの方がむしろ意味があるのです。そのためにはどうしても扱う論件が節度なく散漫に広がってゆくことは避けがたいのであります。

もう一つ予想されるご批判は「これは……について論じていない。……のような重要な事項に言及していないものにはこの論件について語る資格はない」という形式のものです。学会発表ではよく見かけたものです。この批判はある意味「究極のウェポン」です。というのは、どのような博覧強記の知性を以てしても（私がそうだと言っているのではありません）、扱っている主題に関連するすべての情報を網羅することはできないからです。もし「言及してもよかったはずだが言及されていないこと」を一つでも見つければ、論そのものの信頼性は損なわれるということをルール化すれば、誰もが「要するにこの世界には程度の差はあれバカしかいない」という結論に導かれます。この結論もたしかに一面の真実を衝いてはいるのですが、それは私たちの知的向上心を損なうだけですので、この種の批判につきましても静かにスルーさせていただくことにします。

以上が予想される批判についての本書の原則的立場であります。つまり、どのような批判にも耳を貸す気がないと言っているわけですね（態度が悪いなあ）。でも、さきほどから言っているように、この仕事はボランティアで「どぶさらい」をやっているようなものですから、行きずりの人に懐手で「どぶさらいの手つきが悪い」とか言われたくないです。

# 日本辺境論——目次

# I　日本人は辺境人である



## 「大きな物語」が消えてしまった

「ビッグ・ピクチャー」について一言。今回あえて「大雑把な論述」を心がけているのは（私が資質的に「雑な人間」だということもありますが）、「大きな物語」、「マクロヒストリー」の市場価値が現在ほぼ底値であることに対するささやかな異議申し立てでもあります。

「大きな物語」が失効したのはもちろんマルクス主義の凋落（ちょうらく）が主因です。かつてマルクスはこう書きました。

「これまでのいっさいの社会の歴史は、階級闘争の歴史である。

自由人と奴隷、貴族と平民、領主と農奴、ギルドに属する親方と旅職人、要するに搾（さく）

取する側と搾取される側の人々、彼らは皆たえざる対立関係にあった。[2]」

壮大な大風呂敷です。「これまでのいっさいの社会の歴史は」ですよ、いきなり。にもかかわらず、挙げている例は四つだけ。まことに大雑把な括り方です。でも、この「大きな絵」がそれから百五十年ほどにわたって、世界の見通しをたいへんよくしてくれたことは（その罪を含めても）やはり人類の知性への偉大な功績と言わねばなりません。

残念ながら、マルクス主義の凋落とともに、「大きな物語」はポストモダニストの十字砲火を浴びて、「歴史のゴミ箱」に投じられたのでした。たしかにマルクス主義も「やりすぎ」たとは思うのです。でも、「羹に懲りて膾を吹く」ではないですが、その後の三十年ほどの専門家たちの話のスケールの小ささはいかがなものでしょう。

そう思っていたら、私と同じく「大風呂敷」の伝統が衰微していることを悲嘆している人がおりました。ローレンス・トーブさんという未来学者です。遠からず、東アジアには中国、南北朝鮮、台湾、日本を統合した「コンフューシア」（儒教圏）という共同体ができるという豪快な予言をしているアメリカ人がいるということをカナダにお住まいの方から教えていただきました。ネットで探してみたら、著者のトーブさんは当時東京に住んでいて、その本（『3つの原理』[3]）を手売りしておられることがわかり、さっそくご著書を一冊送っていただきました。その冒頭に、トーブさんは「大きな話」の重要性についてこう書き綴っています。

「たしかにビッグ・ピクチャーは流行遅れかもしれない。だが、歴史はばらばらで意味がなく、未来は予測不能という見方は、あまりにも極端にすぎる。カオス理論は、表面的には無秩序に見えるプロセスにも、深層では予測可能な秩序立ったパターンがあることを示している。これと同じく、日常の歴史的出来事も、表面的には無秩序に起こっているかにみえるものの、歴史の基本となる広大な潮流、言い換えれば『深層構造』には、意味も方向性もパターンも存在する。[4]」

トーブさんは「霊性の時代」「戦士の時代」「商人の時代」「労働者の時代」という区分によって、世界史をざっくり一刀両断します。こういう快刀乱麻の切り方にいろいろご異論はおありでしょうけれど（私もすべてに同意するわけではありませんが）、それでも「深層構造」が集合的なふるまいを方向づけているという直感は私にも共有されています。そのような「深層構造」は、ときにはほとんど妄想的なくらいに巨視的な視点に立たないと見えてこないということについても。

そのあと、一度トーブさんご本人とお会いする機会がありました。会って話してみたら、天馬空を往くがごとくに奔放な、実に風通しのよい知性の持ち主でした。私が驚いたのは、私がどんな質問をしても、トーブさんが、そのつどその論点はどういう時間的な幅の中で考察すべきかというスケールの吟味から入ったことです。「どういうスケールで対象を見るか」という問いは、本来あらゆる知的活動の始点に立てられなければならないはずのものです。でも、ふつうの学者はめったにこんな問いを立てません。彼らは例えば「中国近現代史が専門です」とか「三〇年代のフランス・ファシズムが専門です」というふうにさらっと言います。どうしてそういうスケールを採用したのか、どうしてそう区切ることがそれ以外の区切り方よりも適切であると判断したのか、その理由はふつう説明されません。たぶん、学者自身その理由について考えたことがないのでしょう。

司馬遼太郎さんは物語の冒頭で、自分はどうしてこの「スケール」を採用して物語を書くことにしたのか、その理由をきちんと書いています。これは歴史学の専門家にはまず見られないタイプの断り書きです。例えば、『この国のかたち』の中には、こんな気分のゆったりした記述がありました。

「私は子供のころから、アジアという歴史地理的空間に身を置いているという感じが好きでしたし、宮崎滔天のような生涯を送ればどんなにいいかという子供っぽい夢を持っていました。いまでも自分の可視範囲は、西はパミール高原か安南山脈までで、そこを西へ越えるとダメだと思っています。[5]」

「可視範囲」という言葉が印象的です。その範囲内なら、どんな対象にも焦点を合わせることができる。アジア人が思考したこと、感じたことについては（数千里の彼方の、数千年前の世界の出来事であっても）、想像力を駆使すれば実感として追体験できる、司馬さんはそう感じていたわけです。逆に言えば、イスラム教徒やキリスト教徒の内面については、資料を整えても想像力を届かせることがむずかしいだろうと考えていた。こういうおおらかな感懐は「大きな物語」を書くことを召命としていた人にしか口にしえないものでしょう。

私は別に「大きな物語」がよくて、専門研究がダメだと言っているのではありません。そうではなくて、トーブさんや司馬さんと同じような「大きな物語」を書くタイプの知識人が近年あまりに少数になってしまったことをいささか心寂しく思っているのです。というわけで、本書では、縦横に奇説怪論を語り、奇中実をとらえ怪中真を掬して自ら資すという、当今ではまったく流行らなくなった明治書生の風儀を蘇生させたいと思っております。

## 日本人はきょろきょろする

もう一度申し上げますが、この本には、ほとんど創見といえるものは含まれていません（「朝起きて顔を洗って歯を磨く」ようなルーティンに独創性の出しようがありませんん）。本書に含まれている知見のほとんどは先賢たちがもう書いていることです。日本および日本人について、私たちが知っておくべきたいせつなことは、すでに論じ尽くされており、何をなすべきかについても、もう主立った知見は出尽くしている。だったら、屋上（おくじょう）屋を重ねるようなことをする必要はないじゃないかとおっしゃる方もおられるでしょう。それがそうはゆかないのです。そうはゆかないところが問題なのです。

問題は、先賢が肺腑から絞り出すようにして語った言葉を私たちが十分に内面化することなく、伝統として受け継ぐこともなく、ほとんど忘れ去ってしまって今日に至っているということです。

先人たちが、その骨身を削って、深く厚みのある、手触りのたしかな日本論を構築してきたのに、私たちはそれを有効利用しないまま、アーカイブの埃（ほこり）の中に放置して、ときどき思い出したように、そのつど、「日本とは……」という論を蒸し返している。会議で一度は論を尽くして、結論を得た話が次の会議でまた蒸し返されて、同じ話を始めから繰り返している（そのことに当人たちは気がついていない）ときに似た徒労感を感じます。

本書における私の主張は要約すると次のようなことになります。

「日本人にも自尊心はあるけれど、その反面、ある種の文化的劣等感がつねにつきまとっている。それは、現に保有している文化水準の客観的な評価とは無関係に、なんとなく国民全体の心理を支配している、一種のかげのようなものだ。ほんとうの文化は、どこかほかのところでつくられるものであって、自分のところのは、なんとなくおとっているという意識である。

おそらくこれは、はじめから自分自身を中心にしてひとつの文明を展開することのできた民族と、その一大文明の辺境諸民族のひとつとしてスタートした民族とのちがいであろうとおもう。[6]」

引用したのは梅棹忠夫（うめさおただお）『文明の生態史観』からです。この文章が書かれたのはもう半世紀以上前ですけれど、ほとんど同じ命題を私がもっと拙劣な筆を操ってこれから繰り返さないといけない。どうしてかというと、みんなこういう重要な知見を忘れてしまっているからです。どうして忘れたかというと、外来の新知識の輸入と消化吸収に忙しかったからです。どうして、そんなに夢中になって外来の新知識に飛びつくかというと、「ほんとうの文化は、どこかほかのところでつくられるものであって、自分のところのは、なんとなくおとっているという意識」に取り憑かれていたからです。

半世紀経っても、梅棹の指摘した状態は少しも変わっていません。

ご存じのように、「日本文化論」は大量に書かれています。世界的に見ても、自国文化論の類がこれほど大量に書かれ、読まれている国は例外的でしょう。「こんなに日本文化論が好きなのは日本人だけである」とよく言われます。それは本当です。その理由は実は簡単なんです。私たちはどれほどすぐれた日本文化論を読んでも、すぐに忘れて、次の日本文化論に飛びついてしまうからです。日本文化論が積層して、そのクオリティがしだいに高まってゆくということが起こらない。それは、日本についてほんとうの知は「どこかほかのところ」で作られていて、自分が日本について知っていることは「なんとなくおとっている」と思っているからです。

ですから、私の本を読む暇があれば、『文明の生態史観』を読む方が得るところはずっと多いのですが、「こっちの方が発行年が後だから、こっちの方が新しい情報を含んでいるかも」とみなさんは思ってしまう。あの、何度も申し上げますけれど、この本にはみなさんが期待しているような「新しい情報」はありません。先賢の書かれた日本論の「抜き書き帳」みたいなものですから。唯一の創見は、それら先人の貴重な知見をアーカイブに保管し、繰り返し言及し、確認するという努力を私たち日本人が集団的に怠ってきているという事実に注目している点です。

私たちが日本文化とは何か、日本人とはどういう集団なのかについての洞察を組織的に失念するのは、日本文化論に「決定版」を与えず、同一の主題に繰り返し回帰すること、こそが日本人の宿命だからです。

日本文化というのはどこかに原点や祖型があるわけではなく、「日本文化とは何か」というエンドレスの問いのかたちでしか存在しません（あら、いきなり結論を書いてしまいました）。すぐれた日本文化論は必ずこの回帰性に言及しています。数列性と言ってもいい。項そのものには意味がなくて、項と項の関係に意味がある。制度や文物そのものに意味があるのではなくて、ある制度や文物が別のより新しいものに取って代わられるときの変化の仕方に意味がある。より正確に言えば、変化の仕方が変化しないというところに意味がある。丸山眞男はこんなふうに書いています。

「日本の多少とも体系的な思想や教義は内容的に言うと古来から外来思想である、けれども、それが日本に入って来ると一定の変容を受ける。それもかなり大幅な『修正』が行われる。さきほどの言葉をつかえば併呑(へいどん)型ではないわけです。そこで、完結的イデオロギーとして『日本的なもの』をとり出そうとすると必ず失敗するけれども、外来思想の『修正』のパターンを見たらどうか。そうすると、その変容のパターンにはおどろくほどある共通した特徴が見られる。そんなに『高級』な思想のレヴェルでなくて、一般的な精神態度としても、私達はたえず外を向いてきょろきょろして新しいものを外なる世界に求めながら、そういうきょろきょろしている自分自身は一向に変わらない。[7]」

丸山が言うとおり、「きょろきょろして新しいものを外なる世界に求める」態度こそはまさしく日本人のふるまいの基本パターンです。それは国家レベルでもそうですし、個人についても変わりません。

「オレはきょろきょろなんかしてない。自分のスタイルを貫いている」と目を三角にして抗議する方がいるかも知れませんけれど、あのですね、そういうふうに「日本人とは……」というふうに誰かが言うとすぐにぴりぴり反応してしまう態度のことを「きょろきょろ」と言うのです。ほんとうに「自分のスタイルを貫いている」人はきょろきょろあたりを見回して「まわりの人はオレが『自分のスタイルを貫いている』ことをちゃんと見てくれているかな」と自己点検するようなことはしません。そもそも、自分の生き方についての他人の考えになんか何の興味もないので、こんな本読んでないし。

丸山眞男はそういうふうに「外来イデオロギー」（「自分のスタイル」とか「主体性」というのはもちろん「外来イデオロギー」です）に反応するときの国民的な常同性（これが「きょろきょろ」という擬態語で表されます）を「執拗低音」(basso ostinato)と音楽用語を使って指示しました。

執拗低音は決して「主旋律」になりません。低音部で反復されるだけです。

「主旋律は圧倒的に大陸から来た、また明治以後はヨーロッパから来た外来思想です。けれどもそれがそのままひびかないで、低音部に執拗に繰り返される一定の音型によってモディファイされ、それとまざり合って響く。そしてその低音音型はオスティナートといわれるように執拗に繰り返し登場する。[8]」

この回帰するパターンのことを丸山は「原型」とか「古層」とかいろいろ言い換えた

後に、あえて音楽用語を使いました。「原型」や「古層」だとモノとして、そこに静止的に存在するというイメージになってしまうけれど、「執拗低音」だとどんな旋律が乗ってきても同じ音で絡みついてゆく歴史的な回帰性をうまく伝えることができる。丸山が言っているのは日本文化の古層に「超歴史的に変わらないもの」があるということではありません。そうではなくて、日本文化そのものはめまぐるしく変化するのだけれど、変化する仕方は変化しないということなのです。

「まさに変化するその変化の仕方というか、変化のパターン自身に何度も繰り返される音型がある、と言いたいのです。つまり日本思想史はいろいろと変わるけれども、にもかかわらず一貫した云々――というのではなくて、逆にある種の思考・発想のパターンがあるゆえにめまぐるしく変わる、ということです。あるいは、正統的な思想の支配にもかかわらず異端が出てくるのではなく、思想が本格的な『正統』の条件を充たさないからこそ、『異端好み』の傾向が不断に再生産されるというふうにもいえるでしょう。前に出した例でいえばよその世界の変化に対応する変り身の早さ自体が『伝統』化しているのです。[9]」

なんと明晰な。日本論を始めるときの前提として、これに付け加える言葉を私は持ちません（これを結論として、このまま筆を擱いてもいいくらいです）。私が付け加えることができるのは、「辺境」という地政学的な補助線を引くと、この傾向の由来について、その広がりについて、理解がもう少し進むのではないかということだけですけれど、それはもう梅棹忠夫が書いてるし。

もう一つ、日本人論の古典として読み継がれているテクストを挙げておきます。川島武宜の『日本人の法意識』です。川島は法社会学者の視点からこう書いています。

「日本社会の基本原理・基本精神は、『理性から出発し、互に独立した平等な個人』のそれではなく、『全体の中に和を以て存在し、……一体を保つ〔全体のために個人の独立・自由を没却する〕ところの大和』であり、それは『渾然たる一如一体の和』だ、というのである。（……）言いかえれば、『和の精神』ないし原理で成りたっている社会集団の構成員たる個人は、相互のあいだに区別が明らかでなく、ぼんやり漠然と一体をなしてとけあっている、というのであり、まさにこれは、私がこれまで説明してきた社会関係の不確定性・非固定性の意識にほかならないのであって、わが伝統の社会意識ないし法意識の正確な理解であり表現である、と言うことができる。[10]」

主義主張、利害の異なる他者と遭遇したとき日本人はとりあえず「渾然たる一如一体」の、アモルファスな、どろどろしたアマルガムをつくろうとします。そこに圭角のあるもの、尖ったものを収めてしまおうとする。この傾向は個人間の利害の対立を調停するときに顕著に現れます。

戦後制定された調停制度を普及させるために、委員たちに配布された「調停かるた」というものがあったそうです。「かるた」に曰く。「論よりは義理と人情の話し合い」、「権利義務など四角にもの言わず」、「なまなかの法律論はぬきにして」、「白黒を決めぬところに味がある」。一読してびっくりしたのは、これが日々学内外のさまざまなトラブルに遭遇して、その調停にかかわるときに、私の口を衝いて出る言葉そのままだからです。川島はこのようなマインドは「和を以て貴しと為す」と日本最初の憲法に掲げられてから変わっていないと書いています。たしかに変わっていない。それは確信を込めて申し上げられます。

しかし、どんな尖った主張も「まあまあ、こちらにもお立場というものがあるわけですから、どうです、ここは一つナカとって……」で引き取ってしまう風儀を、単なる「法意識の未成熟」と決めつけてよいのかどうか、ちょっと待っていただきたいと思います。この調停術が聖徳太子以来千五百年続いて来たというのがほんとうなら、これは「他考えません。北海道を開拓した屯田兵（とんでんへい）の労苦が「私たちのため」のものだったとは考えません。彼らの血や汗が私たちの現在の繁栄を贈与してくれたのだから、彼らの責務や彼らの夢を継承し、次世代に申し送りしなければならないというような物語を語る人は私たちのまわりにはいません。少なくとも、私は見たことがありません。

直近の戦争についてさえ、まだ死者たちの記憶が薄れていませんから、彼らは何のために死んだのか、その死を以（もっ）て私たちに何を贈ってくれたのかという問いが立てられることがなくはありません。けれども、その問いの答えはばらばらです。第二次世界大戦の死者たちについてさえ、その死が何を意味するかについて、私たちは国民的合意を持っていない。死者たちはある人々から見れば「護国の英霊」であり、ある人々にとっては「戦争犯罪の加担者」です。まるで評価が違う。彼らはなぜ死んだのか、その死を代償にして、私たち後続世代に何を贈り、何をやり残した仕事として課したのか、その贈与と責務を私たちはどう受け止め、それを次世代にどう伝えてゆくのか、悲しむべきことに、それについての国民的合意は存在しません。

大和の沖縄出動に動員された青年士官たちは、自分たちが戦略的に無意味な死に向かっていることに苦しみ、こうやって死ぬことにいったい何の意味があるのかについて、士官室で烈しい論争をしました。その論争を一人の海軍大尉がこう語って収拾したと吉田満は『戦艦大和ノ最期』に記録しています。

「進歩ノナイ者ハ決シテ勝タナイ　負ケテ目ザメルコトガ最上ノ道ダ　日本ハ進歩トイウコトヲ軽ンジ過ギタ　私的ナ潔癖ヤ徳義ニコダワッテ、本当ノ進歩ヲ忘レテイタ　敗レテ目覚メル、ソレ以外ニドウシテ日本ガ救ワレルカ　今目覚メズシテイツ救ワレルカ　俺タチハソノ先導ニナルノダ　日本ノ新生ニサキガケテ散ル　マサニ本望ジャナイカ[11]」

「日本ノ新生ニサキガケテ散ル」ことを受け容れた多くの青年がおり、戦後の平和と繁栄は彼らから私たちへの死を賭した「贈り物」であると私は思っています。けれども、彼らが私たちに負託した「本当ノ進歩」について、私たちは果たしてそれに応え得たでしょうか。それ以前に、そのような負託が先行世代から私たちに手渡されたという「物語」を私たちは語り継いできたでしょうか。

私たちはそのような物語を語りません。別に今に始まったことではなく、ずっと昔からそうなのです。私たちは歴史を貫いて先行世代から受け継ぎ、後続世代に手渡すものが何かということについてほとんど何も語りません。代わりに何を語るかというと、他国、と、の、比、較、を、語、る、のです。

## 他国との比較でしか自国を語れない

私たちは「日本はしかじかのものであらねばならない」という当為に準拠して国家像を形成するということをしません。できないのか、しないのか、それは次の問題として、私たちはひたすら他国との比較に熱中します。「よその国はこうこうであるが、わが国はこうこうである。だからわが国のありようはよその国を基準にして正されねばならない」という文型でしか「慨世（がいせい）の言」が語られない。

オバマ大統領の就任演説のあと、感想を求められた当時のわが国の総理大臣は「世界一位と二位の経済大国が協力してゆくことが必要だ」というコメントを出しました。これは典型的に日本人的な発言だったと私は思います。「日本は世界の中でどのような国であるか」ということを言おうとしたとき、総理大臣の頭にまず浮かんだのは「経済力ランキング表」でした。もし、日本が軍事力でいいポジションにあれば、あるいはODAや国際学力テストの得点でいい順位にあれば、首相はその「ランキング表」をまず頭に浮かべて、それをもって日本の国際的な役割とアメリカにとってのわが国の有用性を言い立てようとしたでしょう。ある国固有の、代替不能の存在理由は、そのGDPや軍事予算の額やノーベル賞受賞者の数などとは無関係に本態的に定まっているという発想がここにはありません。

経済力ランキングは当然ながら、毎年変わります。だから、それは国民的アイデンティティの指標としては使えない。「世界第二の経済大国として」アメリカとの関係を構築したいという発言は「第三位」や「第五位」になったら、対米関係が変わる可能性があるということを含意しているわけです。それを誰も「変だ」と思わなかったことが「変だ」と私は思うのです。

もし、あるミュージシャンが他のミュージシャンとのコラボレーションの見通しを聞かれて「オリコンチャート二位の音楽家として」コラボレーションしたいと言ったら、その発言はナンセンスであると誰もが笑うでしょう。チャートの順位は毎週変わる。それは一人のミュージシャンが創造する音楽と原理的には関係がない。音楽上の協働作業は「私はどういう音楽をつくりたいのか、あなたはどういう音楽をつくりたいのか」というこれからつくりだす作品への問いかけ抜きには論じられないことがわかっていながら、どうして、外交関係では「私はどういう国をつくりたいのか、あなたはどういう国をつくりたいのか」がまず問われるべきだということがわからないのか。私はそれが不思議です。外交構想はヴィジョンの問題であって、経済チャートとは原理的には無関係です。「他国を以ては代えがたいわが国の唯一無二性」についてまず言及すべきときに、総理大臣の脳裏に「経済力ランキングの順位」が浮かんだのは、あるいは個人的資質の問題かも知れません。けれども、それを誰も「変だ」と指摘しなかったとしたら、それは国民的な問題です。

他国との比較を通じてしか自国のめざす国家像を描けない。国家戦略を語れない。そのような種類の主題について考えようとすると自動的に思考停止に陥ってしまう。これが日本人のきわだった国民性格です。

たしか大塚英志さんが企画したと思うのですが、高校生に日本国憲法を書いてもらうというコンクールがありました。その中の一つに「そこそこの国」が理想ですと書いた高校生がいたという話を聞きました。話を教えてくれた高橋源一郎さんと二人で「すごいねえ」と顔を見合わせて笑ってしまいました。「そこそこの国」というこのワーディングがぐっと「来た」からなんです。どうして「来た」かというと、こういう言葉遣いをする国民は日本人しかいないからです。相当数の日本人がこの高校生の言葉に「なるほど」と共感の頷きをするのではないかと思います。それはこの言葉が日本人の国家像の描き方をみごとに言い当てているからです。

右の端には「あの国」があり、左の端には「この国」があり、その間のどこかにわが国のポジションがある。そういう言い方でしか自国の立ち位置を言うことができない。それは毅然としていない、とかポリシーがないとか、そういうことではなくて、日本は本態的にそういう国だということです。だから、この高校生は日本国家の本質をみごとに言い当てている。日本という国は建国の理念があって国が作られているのではありません。まずよその国がある。よその国との関係で自国の相対的地位がさだまる。よその国が示す国家ヴィジョンを参照して、自分のヴィジョンを考える。

オバマ大統領就任の後、あらゆる新聞の社説は「新大統領は日本に対して、親和的だろうか、それとも威圧的だろうか。日本の要求に耳を貸してくれるだろうか、日本を軽視するだろうか」ということをまず論じていました。アメリカの東アジア戦略が「何であるか」よりも、それを物質化する際に「どういう口調で、どういう表情で、どういう物腰で」日本に触れてくるのかがまず論じられていた。相手の出方が宥和的であれば、こちらもある程度言いたいことを言える。相手の出方が非妥協的であれば、不本意でも黙ってうなずくしかない。要は相手の出方次第である。そんなふうに日本のメディアはアメリカの外交戦略の「コンテンツ」よりも、それを差し出す「マナー」に関心を優先させていました。

いわゆる「外交通」の人たちは口を揃えて「日米同盟が日本外交の基軸である」と確信を込めて言います。たぶんおっしゃる通りなのだろうと思います。でも、それはアメリカと日本の国益は一致しているという意味ではありません。アメリカは日本の国益を他国よりも優先的に配慮しているという意味でもない。当然ながら、アメリカはアメリカの国益のことしか考えていない。日本に配慮するのは、そうした方がアメリカの国益に資するという計算が立ったときだけです。そんなことは実は誰でもわかっている。しかし、アメリカが日本の国益を損なう要求をしてくる場合でさえ、それは「やはり日米同盟しかない」という「外交通」たちの確信を揺るがすことがありません。そのような異常な判断が成り立つのは、「アメリカがときに日本の国益を損なうような要求をするのは、それだけアメリカが日本に近しい感情を抱いているからだ。『身内』だからこそ、このような理不尽なことを平気でしてくるのだ」という奇妙な信憑が私たちに共有されているからです。

小泉内閣時代に推進された「構造改革・規制緩和」というのは、意地の悪い言い方をすれば、アメリカの企業が日本市場で自由に経済活動ができ、利潤を吸い上げられるシステムを整備するということでした。構造改革論者たちは、アメリカが日本をより収奪しやすくするシステムを進んで整備したわけですけれども、もちろん彼らに悪意があったとは思いません。アメリカが自由に日本市場を食い荒らすようにしてあげることこそ日米の「親しさ」を一層強化することに繋がり、それが何よりも日本の国益を担保するのだと彼らは考えていたからです。

イラク戦争の「人的貢献」もそうです。この戦争に大義がないこと、国際社会にさらなる混乱を引き起こすだけの結果に終わることは日本の政治家たちにだって予測できたはずです（できていなかったとしたら、ずいぶん彼らの知性は不調だったということです）。けれども、日本政府はジョージ・W・ブッシュの破滅的な戦争行動を最後まで支援し抜きました。それは「大義のない戦争を支援する」ことの方が「大義のある戦争を支援する」ことよりも「親身」なふるまいとしてアメリカによって解釈されるだろうと彼らが考えていたからです。国際社会の同意を得た戦いよりも、孤立無援の戦いを支援する方がより親密度が増すと考えていた（たぶん）。ほとんど『昭和残侠伝（ざんきょうでん）』ですけれど、そういうふうに考えるのが日本人なのです。そして、そんな日本人の「親しみ」のメッセージをたぶんアメリカ人は実感としてはまったく理解していない（「知識として」は理解しているかも知れませんが）。

日本人のこの「親しさ」への固執、場の親密性を自分自身のアイデンティティの一貫性よりも優先させる傾向はすでにルース・ベネディクトが『菊と刀』で驚きとともに指摘していたことでした。

ベネディクトはそのインフォーマントであった日本兵の捕虜たちのふるまいのうち、彼女の眼にもっとも奇矯（ききょう）と見えたものについてこう報告しています。それは欧米の兵士たちと違って、日本の兵士たちが進んで敵軍に協力した点です。

「永年軍隊のめしを食い、長い間極端な国家主義者であった彼らは、弾薬集積所の位置を教え、日本軍の兵力配備を綿密に説明し、わが軍の宣伝文を書き、わが軍の爆撃機に同乗して軍事目標に誘導した。それはあたかも、新しい頁（ページ）をめくるかのようであった。新しい頁に書いてあることと、古い頁に書いてあることとは正反対であったが、彼らはここに書いてあることを、同じ忠実さで実践した。[12]」

そのつど、その場において自分より強大なものに対して、屈託なく親密かつ無防備になってみようとする傾向は軍国主義者であることと少しも背馳しない。同じような事例を池部良さんも記しています。池部さんは北支から南方へ転戦し、最後は陸軍中尉としてハルマヘラ島で終戦を迎えました。英文科卒で英語が堪能であったために、砲兵連隊長からオーストラリア軍との折衝役を命じられます。そう命じた後、連隊長は池部さんにこう訊いたそうです。

「『ところで、毛唐、いや白人に会うたら、最初は、何と言えばよいのか』

『……』咄嗟のことだから、頭に少しは残っているはずの英語が出て来ない。

白人は、最初の挨拶で、抱き合い、接吻する、とか聞いておるが、あれは、やらなければいかんかの？

『サンキュウ、かの？』」[13]

池部さんのような学生上がりの士官や召集兵を虐め続けてきた陸大出の職業軍人たちのこの掌を返したような卑屈な態度に池部さんは呆然とします。彼らこそ敗戦の責任をとって腹を切るべきではないのか、と。けれども、ルース・ベネディクトと読み合わせれば、これは日本の職業軍人としてはむしろ当然の反応だったと言うべきでしょう。

つねにその場における支配的な権力との親疎を最優先に配慮すること。それが軍国主義イデオロギーが日本人に繰り返し叩き込んだ教訓だったからです。そして、そのイデオロギーが私たちの国民性格に深く親和していなければ、そもそもこのような戦争は始まりはしなかった。

おのれの思想と行動の一貫性よりも、場の親密性を優先させる態度、とりあえず「長いものに巻かれ」てみせ、その受動的なありようを恭順と親しみのメッセージとして差し出す態度、これこそは丸山眞男が「超国家主義の心理」として定式化したものでした。日本の軍人たちは首尾一貫した政治イデオロギーではなく、「究極的価値たる天皇への相対的な近接の意識」[14]に基づいてすべてを整序していたというのが丸山の解釈です。

「この究極的実体への近接度ということこそが、個々の権力的支配だけでなく、全国家機構を運転せしめている精神的起動力にほかならぬ。官僚なり軍人なりの行為を制約しているのは少くも第一義的には合法性の意識ではなくして、ヨリ優越的地位に立つもの、絶対的価値体にヨリ近いものの存在である。（……）ここでの国家的社会的地位の価値規準はその社会的職能よりも、天皇への距離にある。」[15]

とりあえず今ここでつよい権力を発揮しているものとの空間的な遠近によって自分が何ものであるかが決まり、何をすべきかが決まる。これは決して遠い昔の物語ではありません。同じメカニズムは現代日本でも活発に機能しています。もちろん、それは天皇を頂点とする権力のヒエラルヒーとしてではありません。私たちの時代でも、官僚や政治家や知識人たちの行為はそのつどの「絶対的価値体」との近接度によって制約されています。「何が正しいのか」を論理的に判断することよりも、「誰と親しくすればいいのか」を見きわめることに専ら知的資源が供給されるということです。自分自身が正しい判断を下すことよりも、「正しい判断を下すはずの人」を探り当て、その「身近」にあることの方を優先するということです。

ここではないどこか、外部のどこかに、世界の中心たる「絶対的価値体」がある。それにどうすれば近づけるか、どうすれば遠のくのか、専らその距離の意識に基づいて思考と行動が決定されている。そのような人間のことを私は本書ではこれ以後「辺境人」と呼ぼうと思います。

## 「お前の気持ちがわかる」空気で戦争

日本人が集団で何かを決定するとき、その決定にもっとも強く関与するのは、提案の論理性でも、基礎づけの明証性でもなく、その場の「空気」であると看破したのは山本七平でした。

私たちはきわめて重大な決定でさえその採否を空気に委ねる。かりに事後的にその決定が誤りであったことがわかった場合にも、「とても反対できる空気ではなかった」という言い訳が口を衝いて出るし、その言い訳は「それではしかたがない」と通ってしまう。

戦艦大和の沖縄出撃が軍略上無意味であることは、決定を下した当の軍人たちでさえ熟知していました。しかし、それが「議論の対象にならぬ空気の決定」となると、もう誰も反論を口にすることができない。山本七平はこう書いています。

「これに対する最高責任者、連合艦隊司令長官の戦後の言葉はどうか。『戦後、本作戦の無謀を難詰する世論や史家の論評に対しては、私は当時ああせざるを得なかったと答うる以上に弁疏しようと思わない』であって、いかなるデータに基づいてこの決断を下したかは明らかにしていない。それは当然であろう。彼が『ああせざるを得なかった』ようにしたのは『空気』であったから――[16]。」

もちろん、私たちも何から何まで空気で決めているわけではありません。どういう空気を醸成するかについて、それぞれの立場から論理的な積み上げをそれなりに行ってはいるのです。でも、論証がどれほど整合的であり、説得力のある実証が示されても、最終的には場の空気がすべてを決める。場の空気と論理性が背馳する場合、私たちは空気に従う。場を共にしている人たちの間で現にコミュニケーションが成り立っていることの確信さえあれば、「おまえの気持ちはよくわかる」「わかってくれるか」「おお、わかる」という無言のやりとりが成立してさえいれば（していると いう気分にさえなれれば）、ほとんど合理性のない決定にも私たちは同意することができます。「自分の言いたいこと」が実現することよりも、それが「聞き届けられること（実現しなくてもいい）」の方が優先される。自分の主張が「まことにおっしゃるとおりです」と受け容れられるなら、それがいつまでたっても実現しなくても、さして不満に思わない。私自身がそうなのです。まことに不思議な心性と言うべきでしょう。

この「空気に流される」傾向について、丸山眞男は「超国家主義の論理と心理」の中でみごとな分析を下しました。このようなマインドの構造的な考究として、以後これを超えるものは書かれていないと思います。丸山はさきの戦争について、これを主導した「世界観的体系」や「公権的基礎づけ」がないことにとりわけ注目します。

「ナチスの指導者は今次の戦争について、その起因はともあれ、開戦への決断に関する明白な意識を持っているにちがいない。然るに我が国の場合はこれだけの大戦争を起しながら、我こそ戦争を起したという意識がこれまでの所、どこにも見当らないのである。何となく何物かに押されつつ、ずるずると国を挙げて戦争の渦中に突入したというこの驚くべき事態は何を意味するか。[17]」

日本の行った戦争には綱領的な指導理念がありませんでした。もちろん「五族協和」とか「八紘一宇」とか「四海同胞」とかいうスローガンはありましたけれど、これは要するに「私たちは『身内』である」ということの言い換えに他なりません。私たちは「侵略」しているのではなく、「兄」として「弟」たちの不作法を咎め、かつその蒙昧を啓いているのであるという言い方が繰り返しなされました。「私たちは『同類』である」という宣言は「だから、説明しない」ということと実践的には同一の意味です。「同類」「身内」であれば、ことさらに言挙げして、どのような企図をどのような手順で実現しようとしているのかについて挙証責任はない。そう考えている。

丸山の言う「ずるずる」というのは、その政治的行為を主宰する主体がいないことを示す擬態語です。ある政治的判断について、その意図を説明し、それを指導的に遂行し、それがもたらす功罪のすべてについて責任を取ろうという人間がいない。既成事実の前には際限なく譲歩し、個人としての責任の引き受けはこれを拒否する。

その実例として、丸山は東京裁判におけるやりとりのいくつかを紹介しています。少し長くなりますけれど、これは日本人的エクスキューズの代表例ですから、そのまま引用しておきましょう。

日独伊三国軍事同盟についての賛否の態度を問われて木戸幸一元内大臣はこう答えました。

「私個人としては、この同盟には反対でありました。[18]」

東郷茂徳元外相も同じ質問にこう答えています。

「私の個人的意見は反対でありましたが、すべて物事にはなり行きがあります。[19]」

けれども、彼らは「反対」という立場をきわめて簡単に放棄しました。同種の言い訳に苛立ったある検察官は、小磯国昭元首相に対して意地の悪い質問を向けました。

「あなたは一九三一年昭和六年の三月事件に反対し、あなたはまた満州事件の勃発を阻止しようとし、またさらにあなたは中国における日本の冒険に反対し、さらにあなたは三国同盟にも反対し、またあなたは米国に対する戦争に突入せることに反対を表し、さらにあなたが首相であったときにシナ事件の解決に努めた。けれども……すべてにおいてあなたの努力は見事に粉砕されて、かつあなたの思想及びあなたの希望が実現されることをはばまれてしまったということを述べておりますけれども、もしもあなたがほんとうに良心的にこれらの事件、これらの政策というものに不同意であり、そして実際にこれらに対して反対をしておったならば、なぜにあなたは次から次へと政府部内において重要な地位を占めることをあなた自身が受け入れ、そうして……自分では一生懸命に反対したと言っておられるところの、これらの非常に重要な事項の指導者の一人とみずからなってしまったのでしょうか。[20]」

これに小磯は当然のようにこう答えました。

「われわれ日本人の行き方として、自分の意見は意見、議論は議論といたしまして、国策がいやしくも決定せられました以上、われわれはその国策に従って努力するというのがわれわれに課せられた従来の慣習であり、また尊重せらるる行き方であります。[21]」

裁判記録を引用したあと、丸山はこう結論しています。

「右のような事例を通じて結論されることは、ここで『現実』というものは常に作り出されつつあるもの或は作り出され行くものと考えられないで、作り出されてしまったこと、いな、さらにはっきりいえばどこからか起って来たものと考えられていることである。『現実的』に行動するということは、だから、過去への繋縛のなかに生きているということになる。[22]」

ここには日本人の思考原型がみごとに言い表されています。

ただし、私は丸山ほど手厳しくこれを断罪する気にはなれません。というのは、日本人は昔からずっとそうだったし、それで何とかやりくりしてきたからです。それでうまくいった政治的難局だってあった。いや、むしろその方が多かったかも知れない。ですから、その成功体験に固執しているのだと私は思います。成功体験が共有されていなければ、このような特異な心的傾向がひろく内面化されるということは起こりません。場の空気が醸成されると、誰も反対しない。おのれの固有名を賭けて全体的趨勢に反対する人間が出てこない。この「付和雷同」体質が集団の合意形成を早め、それが焦眉の危機的状況への対処を可能にした事例が事実歴史上に何度かあった。

例えば、関ヶ原の戦いでは東西両軍の軍事力はほとんど拮抗していました。だから、西国大名たちの相当数は「様子見」をしました。小早川秀秋は午前中西軍優勢のときは動かず、東軍がわずかに優勢に転じると徳川側に寝返りました。脇坂甚内ら周辺の西国大名は小早川の動きを見て、空気の変化を感じ取り、一斉に東軍に奔り、そのせいで石田三成は大敗したのです。小早川秀秋は三成からも家康からも戦勝後の報奨を約束されていました。そして、様子を見てから、勝ちそうな方についた。これがわが国でいうところの「現実主義」です。

「現実主義」の意味するところは現代も小早川秀秋の時代と変わりません。現実主義者は既成事実しか見ない。状況をおのれの発意によって変えることを彼らはしません。すでに起きてしまって、趨勢が決したことに同意する。彼らにとっての「現実」には「これから起きること」は含まれません。「すでに起きたこと」だけが現実なのです。丸山が言うとおり、わが国の現実主義者たちは、つねに「過去への繋縛のなかに生きている」のです。

## ロジックはいつも「被害者意識」

そもそも私たちは「日本とはどういう政治単位であり、どういう理念に基礎づけられ、どういう原理で統治されており、どういう未来を志向しているのか」という国民国家にとって必須の問いにさえ答えることができない。それが未来を志向しているからです。未来は日本的「現実主義者」の視野には入ってこない。

敗戦後、「私は開戦方針を主導した」と名乗る人間が大日本帝国の指導部にはひとりもいませんでした。戦争を遂行した主体を名指すことができなかった。どうやら「國體」なるものが戦争の理念上の主体であったようですが、「國體護持」とか「國體明徴」とか、あれだけ言われていながら、その内実については誰も実定的には知らなかった。

現に、ポツダム宣言受諾に際して、宣言のいう「天皇及び日本国政府の国家統治の権限」は「連合国最高司令官に従属」するという条項の解釈をめぐって、これが「國體の変革」を意味するかどうかが御前会議での激しい議論になりました（そのせいで降伏の決定が遅れ、死ななくてもよい人々がたくさん死んだのです）。

「ここで驚くべきことは、あのようなドタン場に臨んでも國體護持が支配層の最大の関心事だったという点よりもむしろ、彼等にとってそのように決定的な意味をもち、また事実あれほど効果的に国民統合の『原理』として作用して来た実体が究極的に何を意味するかについて、日本帝国の最高首脳部においてもついに一致した見解がえられず、『聖断』によって収拾されたということである。[23]」

それどころか、その「聖断」が果たして國體を完うするものであるかどうかをめぐって、軍部は「承詔必謹派」と「神州防衛派」に分裂したのでした。「神州防衛派」は國體の本義が何であるかを決定する権利は政府にも天皇にもない、誰にもないと主張したのです。

御前会議の結論は「天皇及び日本国政府」が連合国最高司令官の従属下にあることは「國體の本義」を侵すものではないというものでした。その後、東京裁判の過程でも、國體は本来民主的なものであり、「八紘一宇の皇道」とは universal brotherhood のことであるという弁疏（べんそ）がなされたのでした。

日本国の本体であるところの「國體」というのは他国に従属しても政体の根本理念が変わっても変わらないものとして観念されていたわけです。それは、國體の定義を下す権利は政府にも天皇にも誰にもないと主張した「神州防衛派」の思考ともとは同型のものでしょう。

でも、私はこの國體規定を「ナンセンス」と嗤（わら）うことはできないと思います。まさしく、日本の国民的アイデンティティの中心は、この「他国に従属しても政体の根本理念が変わっても変わらないもの」、すなわち、「状況を変動させる主体的な働きかけはつねに外から到来し、私たちはつねにその受動者である」とする自己認識の仕方そのもののうちにあるからです。

ですから、國體を国際法上の言葉で定義することができなかったという事態そのものが日本という国家の本質的ありようをみごとに定義している、そう考えた方がいい。「何となく」日本人の集団的行動を導く、言葉にできない「何物か＝空気」、そのつどの既成事実をそのまま受け容れ、それに屈服するというありかたが久しく私たちの国の機軸をなしていたし、今もなしている。

丸山はナチスの指導者たちが「善悪の別を知り」「十分知悉しながら、自ら悪を選択し」、「数百万の人類に死と障害を」「破壊と憎悪を齎らした戦争への途を辿るべく選択した」ことに、筋目だけは通っているとして、一定の評価を与えました。例えば、ヒトラーはポーランド侵攻前にこう宣言しました。

「余はここに戦端開始の理由を宣伝家のために与えよう――それが尤もらしい議論であろうがなかろうが構わない。勝者は後になって我々が真実を語ったか否かについて問われはしないであろう。戦争を開始し、戦争を遂行するに当っては正義などは問題ではなく、要は勝利にあるのである。[24]」

このヒトラーの小気味よいまでのニヒリズムを丸山は「何と仮借のない断定だろう」と驚きを以て迎えます。そしてこう付け加えています。

「こうしたつきつめた言葉はこの国のどんなミリタリストも敢えて口にしなかった。『勝てば官軍』という考え方がどんなに内心を占めていても、それを公然と自己の決断の原則として表白する勇気はない。[25]」

戦争指導者たちは「悪気はなかった」という言い訳を東京裁判で真剣な表情で繰り返しました。日本人が他国侵略に際して、「八紘一宇」とか「大東亜共栄圏」というようなスローガンを掲げたのは、「武力による他民族抑圧はつねに皇道の宣布であり、他民族に対する慈恵行為」であるということを多少は本人も信じていたからです。

それに対して、ナチ親衛隊長ヒムラーは「諸民族が繁栄しようと、餓死しようと、それが余の関心を惹くのは単にわれわれがその民族を、われわれの文化（クルトゥール）に対する奴隷として必要とする限りにおいてであり、それ以外にはない[26]」と獅子吼（ししく）しました。日本人にここまで確固とした戦争理念を見ることはできません。私たちはたとえ欺瞞（ぎまん）的ではあっても、「慈恵行為」を大義に掲げずには侵略することができない。侵略相手の国民にさえ、空気の共有や場の親密性を求めてしまう。

丸山がこの文章を書いてから六十年以上が経過しましたが、これらの指摘はすべて今でも十分に妥当します。現に、わが「侵略行為」なるものは文明的後進国である隣国を開化善導するという慈恵的な意図からなされたものであるという戦争指導者たちの言い訳は今でも（今になって）多くの保守派論客たちが繰り返し口にしているからです。それればかりか、あれは「ＡＢＣＤ包囲網」によって戦争以外の選択肢がないところまで追い詰められたのであるとか、列強がヨーロッパ支配を賭けて演じた危険なゲームの犠牲になったのだという言い方で戦争を肯定する発言もあります。

たしかに、いろいろ言い分はあるでしょうし、そのうちのいくつかには説得力もあります。けれども、どういう理屈を立てようとも、「どこかから起って来たもの」が戦争の主因であるというスキームだけは変わることがありません。「大東亜戦争」を肯定する、ありとあらゆる論拠が示されるにもかかわらず、強靭な思想性と明確な世界戦略に基づいて私たちは主体的に戦争を選択したと主張する人だけがいない。戦争を肯定する誰もが「私たちは戦争以外の選択肢がないところにまで追い詰められた」という受動態の構文でしか戦争について語らない。思想と戦略がまずあって、それが戦争を領導するのだと考える人がいない。ほんとうにいないのです。どれほど好戦的な核武装論者でさえ、彼らのロジックを支えているのは「被害者意識」なのです。「北朝鮮がミサイルを撃ち込んでくるかもしれない」「中国が東シナ海のガス田を実効支配するかもしれない」、そういうことにまで追い詰められたらこちらに軍事的な力がなければ話にならない。そういう被害の構文でしか「現実主義者」は軍事について語らない。日本をいつ、どうやって、どういう方法で「追い詰める」のかを決定する権利は専一的に「あちら」にある。日本はそれに対してはどうすることもできない。「追い詰められたら」、窮鼠猫を嚙むということもあるぞ、という脅しをかけることしか思いつかない。「追い詰められない」ための予防的手だてを講ずるということについてはほとんど知的リソースを投じない。まず、「あちら」が先手を打つからゲームが始まる。自分から「打つ手」というのは何も考えていない。現代日本のミリタリストたちもまたその発想法においては、まことに「辺境」の伝統に忠実であると言わねばなりません。

## 「辺境人」のメンタリティ

「辺境」という概念をここで一度きちんと定義しておくことにします。「辺境」は「中華」の対概念です。「辺境」は華夷秩序のコスモロジーの中に置いてはじめて意味を持つ概念です。

世界の中心に「中華皇帝」が存在する。そこから「王化」の光があまねく四方に広がる。近いところは王化の恩沢に豊かに浴して「王土」と呼ばれ、遠く離れて王化の光が十分に及ばない辺境には中華皇帝に朝貢する蕃国がある。これが「東夷」、「西戎」、「南蛮」、「北狄」と呼ばれます。そのさらに外には、もう王化の光も届かぬ「化外」の暗闇が拡がっている。中心から周縁に遠ざかるにつれて、だんだん文明的に「暗く」なり、住民たちも（表記的には）禽獣に近づいてゆく。そういう同心円的なコスモロジーで世界が整序されている。

華夷秩序の価値観は国名に現れます。中華王朝は一文字です。秦、漢、隋、唐、宋、明、清、どれも国名は一字。それに対して、四囲の蕃国は二文字で示されます。匈奴、鮮卑、東胡、契丹、突厥、吐蕃などなど。ご覧のとおり、「奴」、「卑」、「胡」、「蕃」など、いかにも人外魔境的にカラフルな漢字が当てられています。

渤海、百済、新羅、任那、日本などはとくに貶下的なニュアンスの文字とは思われませんが、「国名が二文字」という点で「夷」にカテゴライズされていることがわかります。この華夷秩序の位階でいうと、日本列島は東夷の最遠地に当たります。

中華思想は中国人が単独で抱いている宇宙観ではありません。華夷の「夷」に当たる人々もまたみずから進んでその宇宙観を共有し、自らを「辺境」に位置づけて理解する習慣を持たないかぎり、秩序は機能しません。

日本列島は少なくとも中華皇帝からは久しく朝貢国と見なされていました。朝貢国は皇帝に対して臣下の礼をとり、その代償に「国王」は冊封される（「冊封」というのは皇帝が官位を授けることです）。朝貢国は朝鮮、琉球、ベトナム、ルソン島、シャム、ビルマ、パレンバンまで広く東アジア、東南アジア全域に拡がっていました。

日本列島の住民たちが彼らを「東夷」と格付けするこの宇宙観に同意署名したのは今から千八百年ほど前のことです。列島の一人の王が領土を実効支配しているという事実についての公的認知を中華皇帝に求めました。そして、皇帝から蕃地の自治領の支配者の封爵を授かりました。それが卑弥呼と呼ばれる女王です。

史書『三国志』中の「魏書東夷伝」には倭人についての約二千字の言及があり、弥生時代後期の列島の政治状況が記されています。「邪馬台国」という国名が出てくる最初の史料です（おそらくは「ヤマト」という国名の名乗りを聞いた魏の史家が、音訳に際して、華夷秩序の命名ルールに従って、「邪馬」の文字を当てたのでしょう）。これによると、紀元二三九年に、邪馬台国女王卑弥呼は魏帝に朝貢して、「親魏倭王」の称号を授けられ、魏帝から正式な冊封を受けています。

日本列島の住民が世界史に登場する最初の事件は、辺境の自治区の支配者として魏帝に認知されたことです。それより以前に、後漢の光武帝が「倭」の国王に「漢倭奴国王」の金印を与えたという史実があります。金印は江戸時代に福岡県志賀島で出土し、紀元五七年のものとされています。「漢の属国である倭の、さらに一地方である奴国の国王」という封爵を受けた王について私たちはほとんど知るところがありません。

日本列島における民族意識の発生について私たちがとりあえず言えることは、この地に最初の政治単位が出現したその起点において、その支配者はおのれを極東の蕃地を実効支配している諸侯のひとりとして認識していたということです。列島の政治意識は辺境民としての自意識から出発したということです。

その後の大陸との交渉史にはこの政治意識の深化と熟成を示すいくつかのエピソードが見られます。一つは、聖徳太子が隋の煬帝に親書を送った「事件」です。列島住民が華夷秩序をどういうふうに内面化していたのか、それをこの事件から窺い知ることができます。

このときの親書はよく知られているように「日出づる処の天子、書を、日没する処の天子に致す」という文言から始まりました。「対等外交」をめざしたもので、隋の人々は一読して、あまりの非礼に激怒したと史書は伝えています。けれども、聖徳太子に、わざわざ隋を挑発して、外交関係を危機にさらす政治的意図があったとは思われません。先進的な文明の摂取のために遣隋使には多数の留学生・留学僧を同行させたわけですから、すでに彼我の民度の差は十分に自覚されていた。そして、中国は臣属国から朝貢を受け、それに恩賞を下賜するというかたちでしか周辺諸国と交通を行わないというルールも外交プロトコル上の知識として熟知されていたはずです。ですから、「対等」の口上にはそれなりの「底意」があったものと考えるべきでしょう。それは何か。

私はここでいささか危険な思弁を弄したいと思うのですが、これは先方が採用している外交プロトコルを知らないふりをしたという、かなり高度な外交術ではないかと思うのです。というのも、先方が採用しているルールを知らないふりをして「実だけ取る」というのは、日本人がその後も採用し続けてきて、今日に至る伝統的な外交戦略だからです。

例えば、明治維新後、新政府は対馬藩主を介して、李氏朝鮮に政体の変換について告知の文章を送りましたが、これに朝鮮は返信をしませんでした。文言が間違っているという理由で無視したのです。「本邦、頃、時勢一変、政権一ニ皇室ニ帰ス」という文中の「皇室」が非礼である、と。李氏朝鮮は太祖李成桂以来五世紀にわたって明、清の冊封を受け、みずからを「小中華」「東方礼義ノ国」と自称するほどに華夷秩序を内面化していた国です。彼らからすれば、「皇」は清朝皇帝以外に存在しない。なぜ朝鮮半島よりさらに辺境の蕃地の支配者が「天皇」などという称号を名乗ることができるのか、彼らには信じられない非礼と映ったのでした。

「日出づる処の天子」と「皇室」の事例から、私たちが知るのは、日本と朝鮮では華夷秩序の内面化の程度にかなりの差があることです。朝鮮が久しく日本列島を「蛮夷」と見下してきたのは、列島人があまりに「田舎者」すぎて、華夷秩序における正しい作法を知らず（か知らぬふりをしてか）、長者に当たる朝鮮に対して然るべき敬意を示すことを怠ってきたことが一因です。司馬遼太郎はこう書いています。

「李氏朝鮮は、平俗にいえば、中国に在す皇帝をもって本家とし、朝鮮王は分家であるという礼をとった。地理的には蕃であっても、思想的には儒教であるため、大いなる華の一部をなすという考え方だった。

それだけに朝鮮儒教では華夷の差を立てることには過敏だった。当然ながら、この〝理〟によって日本は蕃国であらねばならない。ただ朝鮮という華に朝貢して来ないのは、日本がそれだけ無知だったという形式論になる。[27]」

朝鮮は古来みずからを文明とし、日本を野蛮とみなしましたが、これは歴史的事実を踏まえて導かれた結論ではありません。倭寇（わこう）が沿岸部を侵略したから、豊臣秀吉が侵攻したからそういう評価が定着したということではなく、宇宙論としてそうなっているということです。つまり、日本列島が華夷秩序内で「蕃地」にカテゴライズされている以上、そのふるまいのすべてには形式論的に「無知」というタグがつくということです。何をやっても日本人がやることは無知ゆえに間違っている。これは華夷秩序イデオロギーが導く自明の結論です。そして、日本人の側もそういうふうに自分たちが見られているということを知っていた。

列島は「王化の光の遠く及ばない辺土」です。だから、中華風の「正式」ではあれこれ煩（うるさ）い決まりがあるようですけれど、情報に疎いのでどうするのが正式なのかわかりませんという言い訳が成立した。誰に対する言い訳なのかわかりませんけれど、「知らないふり」をすることで、こちらの都合に合わせて好きなことをすることができる。これを辺境ならではのメリットとみなすことが可能です。

足利義満が「日本国王」を名乗ったというプロトコル上の「ミス」もその文脈で考え

ると説明がつきます。「日本国王」は日本列島の支配者の称号ですから、筋から言えば天皇家が管理すべき官位です（天皇が進んでそう名乗るかどうかは別として）。けれども、足利将軍は勝手にそう名乗った。義満の「征夷大将軍」の称号は位階上は天皇に軍事力を委託された軍人官僚を意味するにすぎません。だから、義満は明との朝貢貿易のために「日本国王」という上位官僚の官名を詐称した。天皇の下僚である足利将軍が「日本国王」を「詐称」して、明国皇帝に「臣下の礼」をとった。これは天皇に対しても、明国皇帝に対しても、どちらにも非礼を働いていることになる。喩えて言えば、課長が「私が社長です」と詐称して、取引先に行って、頭を下げて仕事をもらってくるようなものです。礼を尽くしているのか、バカにしているのか、よくわからない。そのころの室町幕府の人たちがどういう議論の末にこのような決定を下したのか、私には推察する術もありませんけれど、「中華皇帝にまじめに臣下の礼をとる気がない」ということだけはわかります。

　徳川将軍も朝鮮通信使に対して（ということは間接的には中華皇帝に対して）、最初のうちは「日本国王」を名乗り、途中から「日本国大君」に称号を変え、その後、また国王に戻します。政体自体は変わっていないにもかかわらず、日本列島の王になったり、その下僚になったり、肩書きがくるくる変わる。ずいぶん奇妙だし、相手に対しても非礼のように思えるのですが、どうも日本人はそういうことをあまり気にしない（あるいはわかっていて、わざとやっているのかもしれない）。

たしかに外国に対して、誰が国家元首かということを幕末まで日本人はあまり気にしなかった（する必要もなかった。鎖国していましたから）。幕末に長州藩がイギリス、フランス、オランダ、アメリカを相手にした下関戦争（一八六三―六四）があります。攘夷主義の長州藩が下関の砲台から航行する外国船に大砲を撃ち込んだので、これに怒った四ヶ国が陸戦隊を出して、砲台を占領してしまった事件です。このときの講和条件には賠償金三百万ドルの支払いが含まれていました。賠償金の請求先は長州藩ではなく徳川幕府でした。幕府はもちろんこんな賠償金を払いたくはありませんでしたけれど、形式的には幕府が朝廷の依頼を受けて諸藩に発令した「洋夷」への攻撃命令を履行（りこう）したわけですから、将軍が国王であるというフィクションを貫くためには、支払わざるを得なかった（幕府が半額払い、残りは明治政府が分割で払ったそうです）。

同時期の一八六三年には薩摩藩がイギリスを相手に戦争をしています。このときの賠償金二万五千ポンドも結局幕府が立て替えました。薩英戦争のもとになったのは、大名行列を横切ったイギリス商人を薩摩藩士が斬殺した生麦事件（一八六二年）ですけれど、このときの賠償金十万ポンドも幕府が払っています。

私はこのとき幕府が「いやいや賠償金を払った」という点に興味があります。征夷大将軍は「国王である」と名乗るメリットがある限り（現にありました。対外貿易を独占していたのですから）「いい商売」ですが、ツケばかり回されるなら、「損な商売」です。徳川慶喜（よしのぶ）は驚くほど簡単に大政奉還してしまいました。元首であることの「軽さ」は、あるいは親魏倭王以来の伝統なのかも知れません。どうせ「東夷」の蕃国の王が誰であるかなんか向こうだっていちいちこだわっていないだろうから、届け出る名前なんか、誰の名前だって構いはしない。要は実だ、と（似たようなことは版籍奉還のときにも起こります。旧藩主たちは嬉々として藩主の称号を棄てて、華族に列せられ、首都で暮らす道を選びました。一国を切り盛りする政治的責任を免れ、現金収入が保証されたことを喜んだのです）。

ひねくれた考え方ですけれど、華夷秩序における「東夷」というポジションを受け容れたことでかえって列島住民は政治的・文化的なフリーハンドを獲得したというふうには考えられないか。朝鮮は「小中華」として「本家そっくり」にこだわったせいで政治制度についても、国風文化についてもオリジナリティを発揮できなかった。それに対して、日本列島は「王化の光」が届かない辺境であるがゆえに、逆にローカルな事情に合わせて制度文物を加工し、工夫することを許された（かどうかは知りませんけれど、自らには許しました）。

例えば、日本は大陸の律令制度を導入しながら、科挙と宦官（かんがん）については、これを導入しませんでした。別に科挙や宦官の制度についてその当否をめぐる議論を重ねた上に非としたのではなく、なんとなく「当家の家風」に合わないような気がしたので、そんな制度があることを知らないふりをした。わざわざ反論もしない。非とするための理論武装もしない。知らないふりをする。なにしろ間に海があるんですから。

この国際関係における微妙な（たぶん無意識的な）「ふまじめさ」。これはもしかすると、辺境の手柄の一つかもしれないと私は思うのです。はるか遠方に「世界の中心」を擬して、その辺境として自らを位置づけることによって、コスモロジカルな心理的安定をまずは確保し、その一方で、その劣位を逆手にとって、自己都合で好き勝手なことをやる。この面従腹背に辺境民のメンタリティの際立った特徴があるのではないか、私はそんなふうに思うことがあります。例えば、この「コスモロジカルな劣位」を逆手にとって、自己利益の追求に専心するという生存戦略は一九四五年の敗戦のあとに日本人が採択して歴史的成功を収めたものだからです。

九条と自衛隊の「矛盾」について、日本人が採用した「思考停止」はその狡知の一つでしょう。九条も自衛隊もどちらもアメリカが戦後日本に「押しつけた」ものです。九条は日本を軍事的に無害化するために、自衛隊は日本を軍事的に有効利用するために。どちらもアメリカの国益にかなうものでした。ですから、九条と自衛隊はアメリカの国策上はまったく無矛盾です。「軍事的に無害かつ有用な国であれ」という命令が、つまり、日本はアメリカの軍事的属国であれということがこの二つの制度の政治的意味です。

この誰の眼にも意味の明らかなメッセージを日本人は矛盾したメッセージにむりやり読み替えた。九条と自衛隊が両立することはありえないと、改憲派も護憲派もお互いの喉笛に食らいつくような勢いで激論を交わしました。この二つの制度がまったく無矛盾的であるということを言った政治家は私の知る限りはひとりもいません。アメリカの合理的かつ首尾一貫している対日政策を「矛盾している」と言い張るという技巧された無知によって、日本人は戦後六十五年にわたって、「アメリカの軍事的属国である」というトラウマ的事実を意識に前景化することを免れてきました。

私はこれをひとつの政治的狡知であると思います。ただ、これは偶然的、単発的に出てきたものではなく、「日出づる処の天子」以来の辺境人の演じる「作為的な知らないふり」の一変奏なのだと思います。私たちには「そういうこと」ができる。ほとんど無意識的にできる。

「非核三原則」もその典型的な事例でしょう。政府は「核兵器を製造せず、装備せず、持ち込ませず」という原則を掲げているけれど、米軍艦は無視して、核兵器を装備したまま、日本の港湾に入って来ている。それを日本政府は「入港前に核兵器だけはずしている」というようなふつうに考えればありえない説明で言い逃れてきた。政治家も官僚もメディアも、みんな核兵器が「持ち込まれていること」を知っていて、知らないふりをした。「アメリカにいいように騙されているバカな国」のふりをすることで、非核三原則と、アメリカによる核兵器持ち込みの間の「矛盾」を糊塗した。ふつう、こんなことはしません（というより、できません）。仮にも一独立国が「他国に騙されているのがわかっていながら、騙されたふりをしていることで、もっと面倒な事態を先送りする」というような込み入った技は。でも、日本人にはできる。

非武装中立論というのもそうですね。非武装を国是として生き延びた国は歴史上存在は私たちにはできません。というのは、このコスモロジーを否定するためには、それと「辺境人であること」は日本人全員が共通している前提であって、これを否定することそのつどのこちらの事情に従って導くことができる。

わが国では「華夷秩序周辺の辺境だから」という前段から、まったく正反対の結論を辞」と「檄文」は結論が違うだけで、前段は同文なのです。

るということについては日本国民全員にその認識があるからです。日本人の用いる「遁用される。必ず採用される。その恫喝が有効なのは、自分たちが世界標準からずれてい い田舎者のままでいいのか」「世界標準からこんなに遅れているぞ」という言い方が採

その逆に、何かの理由で、挙国一致的な努力が要されるときは「世間の常識を知らなほど無意識的に操作できる国民が日本人の他にあるでしょうか。

技巧した「現実主義」、「無知」を装った「狡知」というものがありうる。それをこれう事実は間違いなく日本に有形無形の政治的利益をもたらしています）。「非現実」をです（戦後六十五年間、わが国の軍人が他国の領土で一人の外国人も殺していないといこの「世間の常識を知らない」という無知から現実的な利益を現に引き出しているからしない。でも、そういう非現実的な政略が日本国内では一定の支持を得ている。それは

同程度のスケールを持つ別のコスモロジーを対置するしかなく、現に日本人は東アジア全域を収めるような自前の宇宙論を持っていないからです。過去も現在も日本人は一度として自前の宇宙論を持ったことがない（そしてたぶんこれからも持つことができない）。

もちろん、それは日本人が「わが国こそが世界の中心である」という夜郎自大な名乗りをしたことがなかったという意味ではありません（何度もしました）。けれども、その名乗りはつねに中華思想を逆転したかたちでしかなされなかった。「日本が光の中心で、中国や朝鮮が蒙昧なる蕃国である」と、華夷秩序図式をぐるりと反転させただけです。中心から「皇化」の光がアジア全域へ拡がってゆくという物語の構造はそのまま複製された。列島住民は神功皇后の「三韓征伐」から日華事変まで、数えきれないほど半島や大陸を攻略していますが、それは別に列島住民が中華思想に拮抗しうるようなオリジナルな宇宙論を創り出したからではありません。どれも華夷秩序コスモロジー内部的な事件にすぎません。

例えば、豊臣秀吉は李氏朝鮮を「道案内」に明に攻め入って、これを滅ぼすという壮図を抱きました。大船団を仕立てて大陸に侵攻し、「中原に鹿を逐う」という絵柄はたしかにスケールの大きな構想です。けれども、秀吉が考えていたのは、明を滅ぼした後、北京に後陽成天皇を迎え、そこに征服王朝を開くということでした。だとしたら、この戦略そのものはモンゴル族や女真族や満州族が行ったものと同じです。辺境人による中央制覇は歴史上何度も繰り返されました。辺境の蕃族が中華に侵入し、新しい王朝を建て、華夷秩序が再生するというプロセスこそ華夷秩序の動的構造そのものなのです。ですから、仮に豊臣秀吉が明の討伐に成功したとしても、そこには「日本族」の新しい王朝ができるだけで、華夷秩序のコスモロジーそのものは微動だにしない。

もし、辺境人がほんとうに中華思想を超克し、華夷秩序の呪縛から逃れ出したいと思っているなら、それは中心と周縁の物語とは別の物語を創り出すことによってしか果たされません。別にその物語はオリジナリティあふれるものである必要はありません。「イーブン・パートナーによる合従連衡（がっしょうれんこう）」でもいいし、「綱領を共有する集団のゆるやかな連合」でもいいし、「カリスマ的指導者による統合と救済の物語」でもいい、人類史上、集団の統合に実際に用いられた物語のどれでもいい。とにかく「中心と辺境」以外の物語によって日本人の世界戦略を語ることができれば、列島住民に深く内面化されていた「辺境人のメンタリティ」は解除されたはずです。けれども、私たちにはついにそれができなかった。中心と周縁の物語ではない物語によってわが国の起源と召命について語ることはついにできなかった。チャンスがなかったわけではないのにです。

## 明治人にとって「日本は中華」だった

明治維新後、日本は近代の国際社会に足を踏み入れました。そこは華夷秩序のコスモロジーとは違う種類の物語によって政治的幻想が編成されている境域でした。ですから、日本は華夷秩序以外の物語に基づく外交戦略を採用することもできたのです。けれども、日本はそのどれをも採用しなかった。

明治初期の征台論、征韓論は外交戦略としては何をめざしたのか、よく意味のわからない行動です。けれども、「日本は中華であり、天皇こそが中華皇帝である」という華夷秩序の物語のスキームの中で考えると理解できる。というのは、国力が充実した中華王朝は国威発揚のために必ず四囲の蕃族を討伐するからです。

漢の武帝は衛青と霍去病（かくきょへい）に匈奴を討たせ、李広利には大宛を征服させました。隋の煬帝は吐魯番（トルファン）、林邑（チャンパ）、台湾に出兵し、高句麗遠征を試みました。明の永楽帝は鄭和（ていわ）の大艦隊を遠く西アジアやアフリカにまで派遣しました。軍事力が充実したら、別に外交上喫（きっ）

緊の必要性がなくても、とりあえず蕃族に武威を示し、朝貢を促すというのは華夷秩序の「常識」です。

日本は江華島事件をきっかけに李氏朝鮮を開国させますが、このときに日本の軍艦が江華島沖で行った示威行動はペリー提督が品川沖で行った示威行動と同じものでした。江華島の砲台からの砲撃をきっかけに陸戦隊を上陸させて砲台を占拠したのは下関戦争で四国艦隊にやられたことのコピーです。明治維新後近代化に成功して大陸半島に対して軍事的優位をもったとたんに日本が行ったのは、華夷秩序を反転させ、新たな「中華」である欧米列強の手法をそこに適用することでした。

華夷秩序の物語以外のほとんど唯一の例外的な外交関係としては日英同盟（一九〇二―二三）があります。この世界最強の海軍国との同盟関係を抜きにしては、日露戦争の勝利はありえませんでしたし、第一次世界大戦後に「五大国」の一国として国際社会に登場することもありえなかったでしょう。けれども、近代日本の礎石となったこの貴重な同盟関係を日本はその後解消します。解消したことが悪いと言っているのではありません。問題は、このような重要な外交上の決断にどれほどの積極的な理由があったのか、史料を読んでもよくわからないということなのです。

ヴェルサイユ講和会議の日本全権は西園寺公望（きんもち）でした。彼は自国権益にかかわること以外、会議でほとんど発言しませんでした。その日本代表の行動は会議参加国の多くを失望させ、それがやがて日英同盟の破綻（はたん）へと繫がってゆきます。

どうして、日本の代表団はヴェルサイユ条約で自国権益の話しかしなかったのでしょう。たぶん、他国の首脳たちが何を話しているのかがよく理解できなかったからだと私は思います。もちろん、言葉や理路は理解できたのでしょうけれど、どうしてそういうことを言い出すのかそのモチベーションが実感できなかった。華夷秩序の物語世界の住人には「国際新秩序」という概念そのものが、なぜそのようなものが必要なのかが、理解できなかった。私はそうではないかと思います。

ジョルジュ・クレマンソー、ロイド・ジョージ、ウッドロウ・ウィルソンが仕切ったこの会議は戦後世界に新しい国際秩序を創り出すことを主目的としていました。「新しい国際秩序の創出」です。世界の成り立ちについての新しい物語を作り出すことです。二十世紀の国民国家とはどのようなものであるべきなのか、諸国民はそれぞれにどのような役割を担うべきなのか、どのような包括的なスキームを適用すれば、国家間の利害調整をフェアな仕方で行いうるのか。そういった本質的な問いに答えうるような新しい物語が要請されていました。でも、このときの日本全権たちは、そのような新しい物語の必要性を感じていませんでした。そもそもこのような戦争を二度と起こしてはならないと日本人は別に思っていなかった。明治維新以来の日本は戦争にすべて勝ち、領土を拡大し、権益を獲得し、市場を拡げ、雇用を創出してきました。それを「止めろ」という話に同意できるはずがない。

第一次世界大戦は二つの世界大戦が終わった時点から回顧的に眺めると「第二次世界大戦よりも死者数も被害規模も小ぶりな戦争」というふうに見えるかもしれません。けれども、第一次大戦はヨーロッパ人にはたぶん原爆やアウシュヴィッツに匹敵するほどの（もしかするとそれ以上の）精神外傷をもたらしました。

ヨーロッパの人々が第一次世界大戦（一九一四―一八）の直前に経験したのは普仏戦争（一八七〇―七一）です。第一次大戦と同じく、ドイツとフランスが、フランス北部を戦場に戦ったこの戦争での死者数は二十五万人でした。その四十年後の第一次世界大戦の死者数は千百万人から千五百万人と言われています。軍事テクノロジーが飛躍的に進化し、飛行機、戦車、毒ガス、地雷といった新兵器が導入される一方、戦闘の主体は中世と変わらぬ生身の歩兵たちでしたから、戦場では「機械による生物の虐殺」が展開することになりました。塹壕戦の戦場では敵味方の死体が重なり合って、「満目これ荒涼惨として生物を見ない」状を呈していたのです。

死者だけでなく、戦傷者もすさまじい身体破壊の跡を残して市民生活に復帰してきました。整形手術の技術が進んでいなかった時代ですから、人間の原型をほとんどとどめない戦傷者たちが、ヨーロッパ全土にその生身をさらすことになりました。身体が破壊された人間たちがこれほど大量に市民生活の中に存在した時代は大戦間期以外にはありません。

この生々しい外傷的経験から戦後のヨーロッパの人々は国際平和と軍縮の必要性を生身の痛覚に基づいて実感しました。けれども、日本の指導者にはその実感がまったくなかった（第一次世界大戦における日本軍の死傷者は千二百五十人に過ぎません）。ですから、国際協調や軍縮は、大国が自国権益追求を隠蔽するために功利的に利用している美辞麗句にしか聞こえなかった。「国際平和のために自分たちには何ができるのか」という問いを自らに向けた政治指導者は日本にはいませんでした。

十四箇条の平和原則で会議を思想的に領導したウッドロウ・ウィルソンは南北戦争で南軍が敗れた後に南部から選出された最初の大統領です。彼は九歳のときに「自国」

（アメリカ連合国 Confederate States of America）の敗北と「国土」の破壊と兵士の損耗を経験しています（南軍の損耗率はアメリカ軍事史上最悪の数字でした）。つまり、ウィルソンは焦土と化したヨーロッパ大陸に立ったときに、つよい「既視感」を覚えた少数の政治指導者の一人だったということです。敗戦による「祖国消滅」のトラウマ的経験がウィルソンの平和構想には伏流していたのですが、日本の代表団はウィルソンが「人種平等条約」の成案を妨害したことなどから、彼の平和構想を単なる大国の権益擁護のためのあざといマヌーヴァーとしか考えませんでした。「現実主義」的な眼で見れば、すべての国の行動は現実主義的に見える。日本はまさしくそうしたのです。

私たちは国際社会のために何ができるのか。これは明治維新以来現代に至るまで、日本人がたぶん一度も真剣に自分に向けたことのない問いです。このような問いを自らに向け、国民的合意を形成し、かつ十分に国際共通性を持つ言葉で命題を語るための知的訓練を日本人は自分に課したことがない。なくて当然です。というのは、「とにかく生き延びること」が最優先の国家目標であったからです。

植民地化される瀬戸際にあった東アジアの小国に向かって、「お前たちがなぜ生き延びなければならないのか、その理由を述べよ」というような問いを、もし帝国主義諸国が突きつけたとしたら、それはフェアではないと言うべきでしょう。そのような問いを日本人に向ける倫理的権利は彼らにはない。日本人が「自分たちの存在理由」を基礎づけるためのロジックとして「生き延びる権利」以上のものを持てなかったことを責める資格は誰にもないだろうと私は思います。

しかし、不幸なことに、その結果、近代日本人は「私たちはいかなる責務を果たすために国際社会に参与しているのか」という国民の存在理由を基礎づける一連の問いを自らに向ける責務を免ぜられたまま「五大国」の一角という高い国際的地位に上り詰めてしまいました。その政治的未熟が最初に露呈したのがヴェルサイユ講和会議だった。日本はここで平和主義・国際協調に向かう「新秩序」の潮流にあからさまに非協力的な態度を示し、列国の指導者の信頼を失いました。日英同盟の解消はこの文脈の中で理解されるはずです。

当時の英国のグリーン駐日大使は本国への報告書の中で、日英同盟にもはや利がないことの理由として次の点を挙げています。日本外交が利己主義的・日和見主義的であること、極東（香港、マレー半島、シンガポールなど）に領土的野心を持っていること、中国・朝鮮の民族自決に抵抗していること。つまり、ウィルソンの掲げた平和原則に示される理想主義的な「国際新秩序」へのパラダイム転換期に、日本はそれに何の関心も示さず、十九世紀的な帝国主義スキームにしがみついていた。そのことをグリーン大使は咎めたのです。

「国際社会はこれからどうあるべきか」という種類のイシューになると、日本人は口を噤んでしまう。人種や信教や言語や文化を超えるような汎通性を持つような「大きな物語」を語る段になるとぱたりと思考停止に陥る。「世界はこれからこのようなものであるべきだ」というつよい指南力を持ったメッセージを発信することができない。

「いや、私は世界に向けてつよいメッセージを発信している」と反論する人がいるかも知れません。現に、憲法九条の平和主義や、核廃絶の運動は日本が発信地ではないか、と。でも、これはどちらもそれほどにつよい指南力を持つことはできない。

日本国憲法は日本人が書いたものではありません。これは護憲派も改憲派も事実関係ではもう争ってはいません。GHQのニューディーラーたちがその当時の憲法学の最先端の知見を総動員して、人権宣言や独立宣言やワイマール憲法やソ連憲法を素材にして起草したものです。間違いなく、理念としては実にすぐれたものです。でも、これは日本人が作ったものではない。日本人がそれまでの歴史的経験を踏まえて、その叡智を集結して、長期にわたる国民的合意形成の努力の果てに、振り絞るようにして世界に宣言したものではありません。敗戦の結果、われわれよりも文明的に上位にある国から「下賜品」として与えられたものです。

核廃絶運動もそうです。日本人は核攻撃の歴史上最初の被害者です。その被害者という立場から核廃絶を訴えている。私もそれを願っています。けれども、それは日本人全体がこれまであらゆる核兵器の使用に人道的立場から反対してきたということではありません。私たちは現にアメリカの「核の傘」の下で軍事的安全を享受しています。政府は核拡散には反対しても、アメリカが核を保持することに反対したことはない。それどころか、近年では日本の自主核武装の必要を論じる政治家や評論家がおり、その支持者たちがいる。そして、たぶん誰も反対しないのは、第二次世界大戦末期にもし日本が原爆を開発して保有していたら、大本営はそれをニューヨークやサンフランシスコのアメリカの非戦闘員の上に落とすことをためらわなかっただろうし、当時の日本国民はそのニュースを歓呼の声で迎えただろうということです。そういう国民が発信する「核廃絶」のメッセージが国際社会に対して指南力を持つことはむずかしいだろうと私は思います。

「私は被害者です」という自己申告だけではメッセージの倫理性を基礎づけることができません。「私たちは人間としてさらに向上しなければならない」という、一歩踏み込んだメッセージを発しうるためには、被害事実だけでなく、あるべき世界についてのヴィジョンが必要です。自分の経験を素材にして、自分の言葉で編み上げた、自前の世界戦略が必要です。けれども、私たちにはそれがない。

## 日本人が日本人でなくなるとき

明治時代にアメリカに渡り、苦学してイェール大学の教授になった日本人に朝河貫一という人がいます。彼は日露戦争の前後にアメリカの世論を親日的な方向に導くために講演や出版活動で懸命の努力をして忘れがたい功績を残しました。

先に書いたように、日本は戦勝国として、第一次世界大戦後の国際新秩序を領導すべき立場にありながら、時代遅れの帝国主義モデルに取り憑かれてしまいます。朝河貫一は日露戦争後の日本のこの未来志向の欠如を悲しみ、深く憤ります。

日露戦争に日本が薄氷の勝利を収め得たのは、「ただ武人兵器の精鋭のみにあらず、武士道の発揮のみにあらず、はた全国一致の忠君愛国心のみにもあらず（……）実に絶体絶命止むを得ずして燃え上りたる挙国の義心がそのままに東洋における天下の正義と運命を同じゅうすという霊妙なる観念が、五千万同胞を心底より感動せることを忘るべからず。[28]」

「東洋における天下の正義」と朝河がここで言うのは清国の主権保全と機会均等のことです。「機会均等」というのは、二十世紀の初めの国際外交のキーワードの一つですけれど、清国の利権を独占せず、交易や市場参入に諸国が平等のルールで競争的に参加することを具体的には意味しています。すでに中国に既得権益を有していたイギリスが後進帝国主義国（ロシアやドイツや日本）の参入を抑制するために、また中国市場につよい野心を持っていたアメリカのために門戸を開放するという、それ自体は帝国主義的な文脈の中での相対的「正義」にすぎませんが、それでも列国による中国の分割蚕食をこれ以上進めず、中国の主権回復と市場の成熟を待つという選択肢は清国民にとっても、相対的には「ましな」ものであったでしょう。朝河はこの二大原則を「新外交」と称します。それに対する「旧外交」とは「列国が支那を苦しめつつ相争いて自利を計るの政策[29]」のことです。要するに中国から貪れるだけ貪る。自国益のみを考え、他国には容喙する権利を認めない。

日露戦争における日本の勝利は「旧外交」路線をひた走るロシア帝国に対して、大義名分として「新外交」の二大原則を掲げ、国際社会の支援をとりつけたことで獲得されたものでした。きれいごととは言え「東洋における天下の正義」を掲げたことが現実の戦勝に資した以上、「きれいごと」はすでに一つの政治的リアリティです。「現実主義」より「理想主義」の方が現実的であれば、理想主義的にふるまうことの方がより現実主義的ではないのか。朝河はそう論じます。

「殷鑑は遠からず、前日の敵露国にあり。戦前一部の露国政治家は（……）あたかも自国の外に清国あるを知らず、日本の国情を察せず、欧米列国の感情を懼れず、また世界の歴史は今まさに東洋における清国主権および機会均等を要求するに至りたるを知らざるごとくに、ひとえに自己の単独に計画したる方法によりて、自国の雄大を成さんと企てしが、その結果はかえって内外共に自国を危難の底に陥るるの屈辱を忍ばざるべからざるに至れり。[30]」

というのが朝河の見立てるロシア敗北の理由であり、日本の勝利の理由でした。国際協調と、二大原則の擁護者としての立場が国際世論を惹きつけた。

「されば露国の同盟なる仏国にてすらも、世の文明の進歩を希うがために、日本の勝利を祈りし識者多かりき。況んや英国においてをや。また況んや二大原則の成立を望むこと最も切なる米国においてをや。惟うに日本に対する世界正義の士の同情が、日本の勝利に貢献することの浅からざりしを忘却するは、公正の見解にあらざるもののごとし。[31]」

しかし、戦後、日本は「前日の敵」ロシアの轍を踏む方位に舵を切ります。割譲地、鉱山鉄道についての利権、領事の治外法権、居留地専管地の行政権を獲得し、清国の主権と機会均等を侵す政策を次々展開してゆきます。朝河はこのふるまいを「暫時の小利に眩みて永遠の国運を思わ[32]」ぬものと痛罵しました。この暗鬱な予言の通りに、日本は「国運の分れ目」で道を誤り、その三十年後には亡国の危機に瀕することになります。朝河は、日露戦争の直後、満州事変に先立つこと四半世紀の時点で、すでに日本の未来についての国際世論の見通しを正確にこう伝えていました。

「日本が行く行くは必ず韓国を併せ、南満州を呑み、清帝国の運命を支配し、かつ手を伸べて印度を動かし、比律賓および豪州を嚇かし、兼ねてあまねく東洋を威服せんと志せるものなり。[33]」

朝河の予言の通りに、日本はそのあとのアジア戦略を展開し、「東洋の平和を攪乱し、世界憎悪の府となり、国勢頓に逆運に陥る」[34]ことになったのでした。

朝河を長く引用したのは、この警世の書において、なぜ日本人は「暫時の小利に眩み」、「輿論に膝を屈して」、「永遠の国運」を思うことができなかったのか、その理由について考えたいからです。

冷静に国益を考察できる政治家であれば、日露戦争後は薄氷の戦勝をもたらした「新外交」戦略を維持し、国際世論を背景に清の主権保全を助成する方がより有利であるという推論はできたはずです。それが短期的には大陸での権益の逸失を意味したとしても、長期的には国際社会における名分的優位と発言力をもたらすことの利益も推理できたはずです。その程度のことを理解するためには別に例外的に明敏な知性を要しない。問題はそこです。例外的に明敏な知性を要しない程度の推論ができなかったということが問題なのです。

いくつかの外交的選択肢を比較考量した上で「理想主義的」政策を退け、「現実主義的」政策を採ったというのなら、それはそれで筋が通っている。それなら、何を根拠にその方に利があると判断したのかというふうに論が進みますが、そうではない。「適否を考量する」ということそのものをこのときの日本人はしていないのです。長期的な国益を考えればありうる選択肢を無視し、まるで魅入られたように、短期的利益の確保という視野狭窄的なソリューションに向かった。どうしてこういうことが起きたのか。

明治末年の日本人は例外的に愚鈍で邪悪であったから、という説明を私は受け容れません。ポーツマス条約の後に日比谷焼打ち事件を惹き起した日本のマスコミと大衆運動家たちが国際状況と日本の国力の評価についてひどく無知であったことはたしかに事実です。日本国民は国際状況を知らなかった。政府自身が日露戦争の「薄氷の勝利」の実情を国民には知らせていなかった。その管理された情報不足ゆえに、一般国民は誤った判断をしたのだという説明ができるかもしれません。けれども、私はこの説明を受け容れません。

経験的に言っても、「国民的規模での無知」が政府の管理によって達成されることはないからです。人々が無知であるのは、自ら進んで情報に耳を塞ぎ、無知のままでいることを欲望する場合だけです。現に、知ることを真に望む知性は、どのような情報の断片からも、場合によっては、ある種の情報の組織的な隠蔽からも、現実には何が起きているかを推理することができます。それくらいの知恵は誰にもある。明治末年の日本人にも当然ある。問題はなぜその能力がこのときには発動しなかったのかということです。

幕末の日本人は海外についてほとんど情報を持ちませんでした。けれども、きわめて短期間に、ごく断片的な情報だけから、このまま座していたのでは帝国主義列強の侵犯を受け、中国に続いて半植民地化する可能性があるという見通しについての国民的合意が形成された（そうでなければ明治維新のようなラディカルな政体変動が可能になるはずはありません）。情報量の多寡と状況判断の当否は必ずしも相関しない。わずかな情報からでもわかることはわかるし、潤沢な情報があっても、知りたくないことは知られない。

幕末と明治末年では、国際情勢について、一般国民がアクセスし得た情報量には天地の隔たりがあります。にもかかわらず、幕末においては状況判断を過たなかった日本人が、明治末年には状況判断を過った。とすれば、その理由を情報量の多寡で説明することはできない。説明しようとすれば、国民たちは幕末において日本が直面していた状況は理解できたが、日露戦争後に日本が直面していた状況は理解できなかったという言い方になる。では、この二つの歴史的局面では何が違っていたのか。

相違点は本質的には一つしかありません。幕末の日本人に要求されたのは「世界標準にキャッチアップすること」であり、それに対して、明治末年の日本人に要求されたのは「世界標準を追い抜くこと」であったということ。これだけです。

日本人は後発者の立場から効率よく先行の成功例を模倣するときには卓越した能力を発揮するけれども、先行者の立場から他国を領導することが問題になると思考停止に陥る。ほとんど脊髄反射的に思考が停止する。あたかも、そのようなことを日本人はしてはならないとでも言うかのように。あたかも、他国の範となることが日本人だけには禁じられているとでも言うかのように。そのようなことをしたら日本人はもう日本人ではなくなってしまうとでも言うかのように。

この脊髄反射的な無能化から、私たちはこれが民族のアイデンティティにかかわる問題だということを察することができます。というのも、長期にわたる国益を損じても守らなければならないものがあるとすれば、それは論理的には一つしかないからです。それは国益を享受すべき当の主体です。日本人が国益を損なっても守ろうとするものがあるとすれば、それはひとつしかありません。それは日本です。

逆説的に聞こえるでしょうけれども、論理の経済は私たちにそういう推論を要求します。「諸国の範となるような国に日本はなってはならない」という国民的な決意を基礎づけるのは、「諸国の範となるような国」はもう日本とは呼べないということを私たちが知っているからです。そんなのはもう日本じゃない。

朝河が情理を尽くして説いたような「東洋の平和と進歩とを担保して、人類の文明に貢献し、正当の優勢を持して永く世の畏敬を受く」るような国になったら、それはもう日本ではない。日本国民の過半は無意識的にそう判断したのです。「清国と相信じ相助けて列強をして侵略の余地なからしめ、また諸協約のために今なお蝕せられつつある主権の一部分をも、完全に清国に恢復するの時到らしめ、かつ厳に機会均等の原則を遵りて、満韓においてこれを破らんとする他の諸国を警むべきの地位[35]」などを日本は望んではならない。

日本はそのあと韓国を併合し、満州国を建国し、インドシナを抑え、フィリピンを制し、大東亜共栄圏と称して「あまねく東洋を威服せん」としました。私たちが忘れてはならないのは、その行為の邪悪さや愚かしさではなくて、それらの行為がすでにその三十年も前に国際世論によって正確に予測されていたという事実です。特段の政治的洞察力のない欧米人であってもその程度の予測が可能であった。どうして予見できたかというと、それら一連のアジア戦略は「帝政ロシアが日露戦争に勝って、そのまま満韓を支配した場合にしそうなこと」だったからです。事実、日本は「ロシアだったらやりそうなこと」をほとんど一字一句たがえずにそのあと満韓において再演したのでした。

よく日露戦争以降の日本の東アジアにおける行動を「軍部の暴走」と言いますけれど、私はそれは違うだろうと思います。参謀本部が「統帥権」を掲げて、政府の掣肘を離れて、したい放題のことをしたという説明がよくなされます。外形的にはそういうふうに見えたのかも知れませんけれど、そんなことが可能であるはずがない。政府や世論とは無関係なところで軍部が「暴走」できたのは、それが「暴走」ではなくて、すでに「下絵」が描かれていたからです。中枢的にコントロールされないままに出先の軍隊がランダムに動いて、それがある種の意志を示しているということがほんとうにありうるとしたら、それは少しもランダムではなく、その「下絵」が当時の日本人たちに無意識的に共有されており、軍人たちはそれをただトレースすればいいだけだったからです。

日露戦争後、満韓で日本がしたことは「ロシアが日露戦争に勝った場合にしそうなこと」を想像的に再演したものです。未完の計画ではありましたが、設計図だけはちゃんとあった。だから、この作業は本質的には「キャッチアップ」なのです。ロシアが制定してくれた「世界標準」に追いつこうとするとき、日本人はきわめて効率的に知能を使うことができる。指揮系統が機能していなくても、出先機関が動けたのも、出先機関の

「暴走」を参謀本部が糊塗し、軍略全体のうちに位置づけることができたのも、彼ら全員が「見えざる台本」を共有していたからです。

## とことん辺境で行こう

帝国主義列強に「伍(ご)す」ることこそはわが国民的悲願でした。けれども、帝国主義列強を「領導する」ことを国民は誰も望んでいない。世界の範となり、諸国民に人類の進むべき道を指し示すというような仕事は誰も望んではいない。そもそも、そんなことができるはずがないと全員が思っていた。

今でも、日本国民は世界に卓越しており、欧米やアジア諸国は「鬼畜の類」だというようなことを平然と言い募るナショナリストは保守系の雑誌（どれとは言いませんけど）を読むといくらもいますけれど、その中に「諸国民に先立って、日本が人間としての範を示すべきこと」を提言している人は一人もいません。もし「日本が諸国民に卓越している」というのがほんとうなら、これまでどの国のどの国民も思いついたことがないような種類の、真にオリジナルな、そして同時に真に普遍的な、国際社会の行く末をあかあかと照らし出すような理念やプログラムが日本人によって提言されていていいはずです。でも、この「世界に冠絶する」日本のナショナリストたちが提言しているのは「他の国が『こんなこと』をしているのだから、うちも対抗上同じことをすべきである」という提言だけです。それだけです。他国も核武装しているのだから、うちもすべきである。他国も国境線を譲る気がないのだから、うちも譲ってはならない。他国も権益を手放さないのだから、うちも手放してはならない。そのような類の他国がしていることにシステマティックに遅れることだけをわが国の外交戦略の機軸として提案している。

本来「ナショナリスティックであること」というのはそういうふるまいを言うのではないだろうと思います。本来のナショナリズムは余を以ては代え難い自国の唯一無二性を高く、誇らしげに語るはずであるのに、わが国のナショナリストたちは、「自国が他の国のようではないこと」に深く恥じ入り、他の国に追いつくこと、彼らの考える「世界標準」にキャッチアップすることの喫緊である旨を言い立てている。

公正を期するために書き添えますけれど、事情は左翼でも変わりません。彼らもやはり政府の政策の多くに不満ですが、批判の論拠は「日本は倫理的・道義的に世界に卓越した国」であるべきだと彼らが思っているからではありません。そうではなくて、「日本より倫理的・道義的にはるかに進んだ国」があるのに、日本はそのようではないことが専ら非とされるのです。日本が彼らの求める「世界標準」に準拠していないことに不満なのです。

日本の右翼左翼に共通する特徴は、どちらも「ユートピア的」でないこと、「空想的」でないことです。すでに存在する「模範」と比したときの相対的劣位だけが彼らの思念を占めている。

エンゲルスは『空想から科学へ』の中で、三人の空想的社会主義者（フーリエ、サン＝シモン、オーウェン）を論じてこう書きました。

彼らは「ひとまずある特定の階級を解放しようとするのでなく、いきなり全人類を解放しよう」とし、「理性と永遠の正義との国を実現しよう」[36]とし、「新しいもっと完全な社会制度の体系を考えだし、それを宣伝によって、できれば模範的な実験の実例を示して、社会に外から押しつけること」[37]をめざした。

もちろん、エンゲルスはこのユートピア的傾向を厳しく批判するわけですけれども、ここで挙げたような空想的社会主義傾向がヨーロッパにおいては根強かったという事実の方に私たちは目を向けなければいけないと思います。

例えば、ロバート・オーウェンは十九世紀にスコットランドの紡績工場で二千五百人の労働者を「空想的」に管理し、「大部分が非常に堕落した分子から成り立っていた住民」たちを「完全な模範的集団居住地（コロニー）」に変えました。[38] その試みの最終的な成否はとりあえず脇に置いて、私たちが見るべきなのは、このようなタイプの無数の先行事例の上に、その教訓を踏まえて「科学的」社会主義が登場してきたという流れです。理想主義的なさまざまな試行錯誤の後にはじめて現実的な政略が構想される。誰が考えても、これがことの順序です。ヨーロッパ思想史が教えてくれるのは、社会の根源的な変革が必要とされるとき、最初に登場するのはまだ誰も実現したことのないようなタイプの理想社会を今ここで実現しようとする強靭（きょうじん）な意志をもった人々です。そういう人々が群れをなして登場してくる。その人たちの身銭を切った実験の後、累々（るいるい）たる思想的死骸の上に、はじめて風雪に耐えそうなタフな社会理論が登場してくる。それがことの順序です。

しかし、日本史上には、そのような事例を見つけることはきわめて、ほとんど絶望的に困難です。幕末から後で、自分の言葉であるべき社会像を語り、それを現実に繋げ得たのは坂本竜馬の「船中八策」くらいでしょう。

戦後も事情は変わりません。日本が世界に向けて「私が世界標準を設定するので、諸国民もまたこれに従っていただきたい」という文型で教化的メッセージを発信した例を私は知りません。

「教化的」というのは、コンテンツの問題ではありません。コンテンツ的には日本が世界に伝えた有益な情報はいくらでもあります。学術や技術の領域では最先端を誇る業績は枚挙に暇(いとま)がないほどあります。でも、今問題にしているのは有用なコンテンツを発信したかどうかではありません。マーケットを独占できたかどうかではありません。教化的にふるまうことができたかどうかです。

「教化」というのは、「諸君は私のメッセージを理解せねばならない。なぜなら、諸君が私のメッセージを理解せねばならない理由を諸君はまだ知らないが、私はすでに知っているからである」というアドバンテージを主張できるものだけがなしうることです。人々がまだ知らないことを、すでに知っている人間にだけできることです。そして、私たちはこういう言葉を口にすることができない。どれほどつよく望んでも口にすることができない。

私たちにできるのは「私は正しい。というのは、すでに定められた世界標準に照らせばこれが正しいからである」という言い方だけです。それ以外の文型では「私の正しさ」について語ることができない。

「日本は世界に冠絶するすばらしい国だ」と揚言する人がたまにいます。けれども、彼らはつい日本がいかにすばらしい国であるかを挙証してしまいます。誰にも納得できそうな実例を挙げて、「ほら、日本はこんなにすばらしい国でしょう」と胸を張る。その人たちが忘れているのは、「世界に冠絶する国」は世界に冠絶する所以を挙証しないということです。「『私が世界に冠絶している』ということについて、ぜひみなさんの同意を賜りたい」という態度そのものが「世界に冠絶している」という前件と背馳するからです。

「世界標準に準拠してふるまうことはできるが、世界標準を新たに設定することはできない」、それが辺境の限界です。ですから、知識人のマジョリティは「日本の悪口」しか言わないようになる。政治がダメで、官僚がダメで、財界がダメで、メディアがダメで、教育がダメで……要するに日本の制度文物はすべて、世界標準とは比べものにならないと彼らは力説する。そして、「だから、世界標準にキャッチアップ」というおなじみの結論に帰着してしまう。フィンランドの教育制度はすぐれている、ではフィンランドに倣おう。フランスの少子化政策は成功した、ではフランスに倣おう。ブラジルのサッカーは強い、ではブラジルに倣おう。北朝鮮は核ミサイルを準備している、では北朝鮮に倣おう……このリストは無限に長いものにできます。学ぶべき見本が外部にあり、それと比べて相対的に劣位にあるわが国の諸制度を改善せねばならない。そういう語法でしか、右翼も左翼も中道も知識人も非知識人も語ることができない。そして、そういう語法でしか語ることができないということに気づいていない。

そして、こういうことを書くと、「なるほど、それが日本の限界なのですね。では、アメリカや中国のように指南力のあるメッセージを発信している国を見習って、わが国も発信しようではありませんか」というふうについ考えてしまう。私の本がそういうことを主張しているというふうに「誤読」してしまう。あのですね、それが「世界標準準拠主義」であるということを先程から申し上げているんです。「外部にある『世界標準』に準拠してしか思考できない私たち。教化的にふるまえない私たち」をどうやってその呪縛から解き放つかということが問題になっているときに、「どこに行って誰に訊けば、やり方を教えてもらえるんですか?」とつい訊いてしまう、それが世界標準準拠主義なんです。

指南力のあるメッセージを発信するというのは、「そんなことを言う人は今のところ私の他に誰もいないけれど、私はそう思う」という態度のことです。自分の発信するメ

# II 辺境人の「学び」は効率がいい



## 「アメリカの司馬遼太郎」

つい場の空気に流され、自前の宇宙論を持たず、辺境の狡知だけを達者に駆使する日本人の国民性格を私は他国に比べて例外的に劣悪なものだとは思っていません。どこの国でも、国民はそれぞれ固有の仕方で病んでいる。まったく健全で、標準的な国民などというものはどこにも存在しない。アメリカ人はアメリカ人なりに病んでおり、中国人は中国人固有の仕方で病んでいる。誰もが、それぞれの国民に固有の民族誌的偏見の虜となっている。もちろん程度差はあります。でも、自国民を共扼している思考や感情の型から完全に自由な人間などいません。

その「型」は諸国民にとって檻であると同時に、共感と同意の場でもあります。国民性の「型」にぴたりとはまらないと自国民の心の琴線に触れることはできない。逆に言えば、深く琴線に触れる思想や感覚は、その国民以外には感知され難い。

読んだときに心のひだにしみいるように感じるテクストの書き手は種族に固有の論理や情感を熟知している。そういう書き手や作品を検出するために簡単な方法があります。それは外国語訳されているかどうかを見ることです。

例えば、日本を代表する国民作家である司馬遼太郎の作品の中で現在外国語で読めるものは三点しかありません（『最後の将軍』と『韃靼疾風録』と『空海の風景』）。『竜馬がゆく』も『坂の上の雲』も『燃えよ剣』も外国語では読めないのです。驚くべきことに、この国民文学を訳そうと思う外国の文学者がいないのです。いるのかも知れませんが、それを引き受ける出版社がない。市場の要請がない。

不思議だと思いませんか。現代日本人のエスタブリッシュメントの心性や感覚を知ろうと思ったら、何はともあれ、司馬遼太郎や藤沢周平や池波正太郎を読むのが一番簡単な方法だと私は思いますけれど、どうやらそういうふうに考える人は海外では少数らしい。

それどころではありません。吉行淳之介も、島尾敏雄も、安岡章太郎も、小島信夫も英語では読めません。

思想家において事態はさらに深刻です。日本の戦後思想はほとんどまったく海外では知られていません。例えば、吉本隆明は戦後の日本知識人たちがどういう枠組みの中で思想的な深化を遂げてきたのかを知る上では必読の文献ですが、アマゾンで検索する限り、吉本隆明の外国語訳はひとつも存在しません（加藤典洋さんによると、『共同幻想論』だけはフランス語の訳書があったそうですが、今は入手できません）。当然ながら、江藤淳も埴谷雄高（はにやゆたか）も谷川雁も村上一郎も平岡正明も、外国語訳はありません。おそらくこれらの思想家たちの論理や叙情があまりに日本人の琴線に触れるせいで、あまりに特殊な語法で語られているせいで、それを明晰判明な外国語に移すことが困難なのでしょう。

けれども、逆にもし、アメリカに「司馬遼太郎みたいな作家」がいたとしたら、どうなっているでしょう。「アメリカの司馬遼太郎」が書いた「独立戦争もの」や「南北戦争もの」や「ウェスタン文学」を日本人は争って読むことでしょう。なぜ日本の司馬遼太郎はアメリカでベストセラーにならないのに、なぜ「アメリカの司馬遼太郎」は日本ではベストセラーになるのか（いないので、なっていませんが）。これは私たちの国民性格を知る上でひとつのヒントになると思います。

他国の国民性格について、その特異なものの考え方や感じ方を知ろうと望むなら「国民作家」の書いたものを読むに如くはない。私たちはそう考える。けれども、そんなふうに考えるのはたぶん私たちだけです。

よく考えて見てください。「アルゼンチン人のものの考え方を知ろうと思ったのでボルヘスを読んだ」、「ロシア人のものの考え方を知ろうと思ったのでチェーホフを読んだ」、「イギリス人のものの考え方を知ろうと思ったのでシェークスピアを読んだ」というようなことを言う人があなたのそばにいたら（あるいは「日本人のものの考え方を知ろうと思ったので村上春樹を読んだ」でもいいですが）、「それはちょっと読み方が違うんじゃないか」と言うでしょう。それは国民文学じゃなくて世界文学だから。

それらの作家は人間というものの成り立ち、世界そのものの成り立ちを主題的に考究した文学者であって、アルゼンチンやロシアやイギリスに固有の国民性格を解明し、擁護し顕彰するために書かれたものではないから。

でも、吉本隆明でも江藤淳でも、彼らが考究したのは、つねに日本人のことです。その独特な国民性格を解明するためですし、つねに念頭を占めていたのは「私たちは前近代のエートス（端的には武士道）と欧米文明とをどう接合できるのか」という主題でした。たしかにこれは私たちにとっては死活的に重要な主題ですけれども、徹底的にドメスティックな主題です。よその国の人にとってはまるで「ひとごと」です。もしかすると、「どうやって欧米に追いつくか」が喫緊な国民的課題であるアジア諸国の知識人の中にはこのような問題設定に共感する人もいるかも知れませんが、それでも「武士道」が何であり、それを継承することにどんな意味があるのかはほとんど理解できないでしょう。

日本人は「日本文化論」が大好きだと前に書きました。同じように日本人は「国民文学」に偏愛を示します。もちろん、世界中の文学はそれぞれの仕方で「国民文学」ではあるのです。でも、そのありようが私たちのものとはずいぶん違う。

柴田元幸さんは「アメリカ文学は自意識の文学であり、アメリカというのは一つのアイディアなのだ」と書いています。これは卓見だと思います。

「たとえばイギリスにはディケンズの『デイヴィッド・コパフィールド』という作品があって、この小説ではまず自分が生まれたところから書きはじめているわけですよね。自分が生まれた時点から、そのあとどういうことをやってきて、どういう人に会ってどういうふうに大人になってきたか、というようなことを語ることによって『私』というものを語れるんだという発想がそこにはあります。

翻って（ひるがえって）アメリカを見てみると、サリンジャーの『キャッチャー・イン・ザ・ライ』のはじまりは、たとえば自分の親がどういう人間かとかそういうことを語っても自分を語った気にはなれない、と『私』を語ることの不可能性みたいなことから始まってしまうわけです。自分のよりどころはいま・ここにいる自分だけだというわけですが、もちろんいま・ここにいる自分なんてあやふやで頼りないものでしかない。自意識過剰になるのも当然だと思います。[40]」

だから、アメリカ人は「われわれはこういう国だ」という宣言から始める。「『私は何々である』と規定することからはじめられたというか、はじめなければならなかった」。だから、「アメリカの作家と話していてもみんな言うのは、アメリカっていうのは要するに一つのアイディアなんだ、ということです。[41]」

私はこれを読んで、思わず膝を叩きました。日本の作家たちが口を揃えて「日本っていうのは要するに一つのアイディアなんだ」と言うありさまをみなさんは想像できますか。私はできません。それは私たちは「われわれはこういう国だ」という名乗りから始まったく国民ではないからです。

私たちは自分たちがどんな国民なんだかよく知らない。日本人にとって、「われわれはこういう国だ」という名乗りは、そこからすべてが始まる始点でなく、むしろ知的努力の到達点なのです。だから「日本人とは何ものなのか」というタイトルの本が本屋には山のように積んである。「日本とは何なのか、日本人とは何ものなのか」を知ることこそは私たちの「見果てぬ夢」なのです。「日本人とはしかじかのものである」ということについての国民的合意がない。だから、それを求めて人々は例えば司馬遼太郎を読むことになります。『坂の上の雲』のはじめの方に司馬遼太郎は執筆意図をこんなふうに説明していました。

「小さな。

といえば、明治初年の日本ほど小さな国はなかったであろう。産業といえば農業しかなく、人材といえば三百年の読書階級であった旧士族しかなかった。この小さな、世界の片田舎のような国が、はじめてヨーロッパ文明と血みどろの対決をしたのが、日露戦争である。

その対決に、辛うじて勝った。その勝った収穫を後世の日本人は食いちらしたことになるが、とにかくこの当時の日本人たちは精一杯の智恵と勇気と、そして幸運をすかさずつかんで操作する外交能力のかぎりをつくしてそこまで漕ぎつけた。いまからおもえば、ひやりとするほどの奇蹟といっていい[42]。」

司馬遼太郎の日本人観が集約された文章ですけれど、ここには簡単には呑み込めない論理が使われています。というのは、司馬はここで「当時の日本人」と「後世の日本人」を別のものとしてとらえているからです（そして、おそらく「それ以前の日本人」も）。さまざまな時代にさまざまな日本人がいる。その中で、いちばん出来の良かったのは、日露戦争を戦った時代、明治四十年代の日本人である。だから、それを帰趨的に参照すべき「あるべき日本人」のロール・モデルとして日本人は自己形成すべきではないか、というのが司馬遼太郎からの提案でした。「後世の日本人」が「当時の日本人」がもたらしたものを「食いちらした」という書き方には「正系からの逸脱」に対する嫌悪のニュアンスが明らかに感知されます。

しかし、こんなふうに「いつの時代の日本人がいちばん日本人として出来が良かったか」というようなことが議論の主題になるという事実そのものが「日本人とは何か」についての国民的合意が存在しないことの動かぬ証拠なのです。

日本人の頽落（たいらく）は一九〇六年に（長岡外史あたりから）始まったとする司馬に対して、保守派の一部は、没落は一九四五年に始まり、東条英機までは「日本人として出来が良かった」と異論を立てます。左翼はその逆に、日本人は一九四五年まで出来が悪く、それから良くなった（そして、また悪くなった）という物語を採用している。日本人は昔も今もずっと出来が悪いという論者たちもいます。いろいろです。誰もが、「ほんとうの日本人はどこにいるのか」と「きょろきょろ」訪ね歩いている。ここに欠けているのは「私が日本人である。日本人を知りたければ私を見ろ」とすぱっと言い切る態度です。それだけは誰にもできない。

アメリカ人の場合は、「アメリカ人とは何か」ということは、彼らが自身の生き方を通じて現に物質化しています。「息をしていても、飯を食っていても、風呂に入っていても、私はつねにアメリカ人である」という確信が深く内面化している。フランス人も同じですし、中国人も同じです。「アメリカ人とは何か」という問いは日常の実践そのもののうちでつねに検証されねばならぬことであるわけですから、それを改めて問いとして立て、論じ合って、正否を決しようなどと考える人間はいません（みんな違うに決まっているんですから）。

でも、私たちはそうではありません。私たちは不安でしかたがない。日本人であることはどういうことなのか、私たちは確信を持っては言うことができないからです。「どういうふうにふるまうのが日本人らしいのだろうか」ときょろきょろあたりを見回して、「日本人の標準的なありよう」って何だろうと思量している。でも、国民的合意はどこにもない。その不安がつねにつきまとっている。

## 君が代と日の丸の根拠

少し前に、TVの討論番組である政治家が、「国歌を斉唱したくない人間は日本から出て行け」と怒鳴り声を上げていたのを聴きました。国旗と国歌は法律で決まったのだから、それを遵守せよと言うのです。私はびっくりしました。というのは、この政治家が属している政党は、党是として「改憲」を掲げていたからです。

憲法は国の最高法規です。「国務大臣、国会議員、裁判官その他の公務員は、この憲法を尊重し擁護する義務を負ふ」と九九条の公務員の憲法尊重義務には明記してある。ですから、公務員である彼はその職に就くときに「この憲法を尊重し擁護する義務を負う」という誓約書に署名しているはずなのです。国歌を斉唱したくないという人に向かって「法律を守れないなら日本から出て行け」と言う彼のロジックにもし理があるとするなら、彼はそのロジックを自分自身にも適用して、「公務員でありながら、最高法規を尊重し擁護する義務を忌避している人間」として自分自身に日本追放を宣告しなければならない。

国の最高法規を「尊重し擁護する」気がないと揚言している人間がどうして自分は国を代表する権限を負託されていると信じ込めるのでしょうか。私にはそのことの方が不思議でした。彼がそう信じられるのは、そして、そういうことを公言する人を「この人、変だよ」とまわりの人間もテレビを見ている人間も誰も思わないでいられるのは、「国とは何か、国民とは何か」について最終的に答えを出すのは私たちひとりひとり個人の資格においてであるという考え方が私たちの中には定着していないからです。

アメリカのテレビ番組でなされた場合、この政治家の発言はかなりの社会問題を引き起こしたはずです。というのは、二〇〇六年にアメリカ上院では「星条旗を燃やすなど、国旗を冒瀆する行為を禁じる」憲法修正案が否決されたばかりだからです。国旗を燃やすことは一九八九年の最高裁判決で「表現の自由」として認められていたのですが、上院はそれを覆そうとして果たせませんでした。そして、まことに面白いことに、「国旗を燃やす行為」が合法と認められた後、反政府デモで星条旗を燃やす習慣そのものが消失したそうです（これは町山智浩さんから聞いた話です）。

私はアメリカという国については、いろいろ言いたいことがあるのですが、こういう話を聞くと、ちょっと羨ましくなります。それは政治システムがしっかりしているという意味ではなくて、「アメリカとは何か」という根本的な問いをアメリカ市民たちがまっすぐ自らに向けて、その問いに自らの責任で答えることを当然だと思っていることが知れるからです。もちろん程度の差はあるでしょうけれど、少なくとも、「アメリカとは何か、アメリカ人はいかにあるべきか」という問いに市民ひとりひとりが答える義務と権利がともにあるということについては、「アメリカというアイディア」に骨肉を与えるのは私だという決意については、国民的合意が成立している。

日本にはそのような合意はありません。「日本とは何か、日本人はいかにあるべきか」という問いについては、何が「正解」なのかを知ろうとするだけです。どこかよそで、誰か他の人が決めたことのうち、どれに従えばいいのかを知りたがるだけです。「日本というアイディア」に骨肉を与えるのはこの私であるという発想をする人だけがいない。

日本国国歌「君が代」についても、可否についての議論はさかんですけれど、「国歌って何？」というもっともラディカルな問いには誰も興味を示さない。

「君が代」の歌詞は古今和歌集に収録されていた賀歌（がか）を原型とするものですが、最初に曲をつけたのはイギリス公使館にいた軍楽隊長のジョン・ウィリアム・フェントンです。それが洋風の音階でなじみが悪かったために、宮内省の雅楽の伶人（れいじん）によって改作され、それをドイツ人フランツ・エッケルトがアレンジした。

そもそもフェントンがヨーロッパではどこの国でも国歌というものがあって、儀礼の時には演奏するものである、日本だけないとまずい、とアドヴァイスしたことが国歌制定のきっかけです。「世界標準ではこうなっているから」という理由で、ナショナル・アイデンティティを表象するものが誕生した。ことの順序を間違えてはいけません。外交プロトコル上の必要から国歌は制定された。もともとそういうものがあったわけではないし、そういうものがなければならないという考えもなかった。単なる「外圧」の結果なんです。

この国民的表象の起源について、日本の小学生も中学生もたぶんほとんど誰も知らない。それが一定の歴史的条件の下で、ある政治的目的のために作られたものであるという「文脈」は制度的に教えられない。だから、「なぜ国歌が必要なのか、それは何のためのものなのか」という根本的な問いがついに始まらない。

今あるこの制度文物はいつ、どういう文脈の中で選択されて、どうして「これ」であり、「これ以外」のものではなかったのかについての、筋目の通った説明を求めることは、制度について根本的に思考するための第一歩です。しかし、日本人は「どうしてこうなったのか」についてはなぜか問わない。そして、「いつからかは知らないけれど、そう決まっているのだから、その通りにしよう」と考える。既成事実の前には実に従順に譲歩してしまう。

ですから、わが国では、昨日できた制度も百年前からある制度も同じような重さ（あるいは軽さ）を持ってしまう。「百年前からある制度」は「昨日できた制度」よりも、歴史的風雪に耐えた分だけ、実践的には合理性があるのではないか、少なくとも人々を巻き込むような惰力があるのではないか、それはなぜか、という種類の問いを立てる人は私たちの間にはほとんどいません。

私はもちろん「国歌なんか要らない」ということを言っているのではありません。「国歌を歌え」という命令はそもそも世界標準が要請してきたものですし、国民国家体制においては必要だし、合理的なものだと私は思います。けれども、「そうすることがなぜ必要で、合理的であると判断しうるのか」については国民の義務としてつねに考察し続けなければならない。法律で決まったのだからというような情けない理由で思考停止するわけにはゆかない。

国歌は儀礼上必要欠くべからざるものです。「君が代」の歌詞も古歌のうちからなかなかよいものを選択したと思っています。旋律についてはどうしてこんな旋律になったのか経緯を教えてもらえば「なるほど、そういうものか」と納得します。

問題は「国歌としてはどのような歌が望ましいのか」という問いを日本国民が自分に向けていないということです。制定の過程で一度だけはそういう問いを立てたかもしれないけれど、そのような問いがありうることを一度限りできれいさっぱり忘れてしまった。そのような問いについて考え抜き、自分なりの手作りの解答を示すことが公民としての義務であり権利であるという、立憲国家においての「常識」が日本では常識になっていない。それが問題なのです。

その逆に、国旗国歌を「軍国主義イデオロギーの象徴だから、廃止しろ」と反対する人がいますけれど、根本的に思考することを怠っているという点では、「法律で決まったのだから」という政治家と選ぶところがない。「君が代」に反対するなら、とりあえず個人的意見でもいいから、代案を出すべきでしょう。『青い山脈』がいいとか、『早春賦』がいい、とか。国歌という制度そのものが有害無益であるというなら、国連参加国すべてを相手に回してその論を貫けるだけの理論武装をすべきでしょう（今すぐここでしろ、とは言いませんけれど、それくらいの「気概」は示すべきでしょう）。

国旗「日の丸」についてもそうです。私たちは誰もこの図像の起源や意味について問いません。「昔からそうだった」という以上の説明を私は聞いたことがありません。

「日の丸」というのはご存じのとおり「日本」「日ノ本」「日出づる処」の図像的表現です。地学の基礎知識があればわかりますが、「日ノ本」というのは「あるところから見て東方に位置するところ」ということです。「あるところ」とはもちろん中国です。「日本」というのは「中国から見て東にある国」ということです。それはベトナムが「越南」と称したのと同じロジックによるものです。もしアメリカ合衆国が「メキシコ北」とか「カナダ南」という国名を称したら私たちは「なんと主体性のない国名だ」と嘲笑するでしょう。けれども、「日本」という国名は文法構造上そういうものです。だからこそ、幕末の国粋主義者佐藤忠満は「日本」という国名はわが国の属国性をはしなくもあらわにする国辱的呼称であるから、これを捨てるべきだと主張したのです。今日の「ナショナリスト」たちがもし日本の属国性をほんとうに恥じ、「ふつうの国」になりたいとほんとうに念じているなら、「本態的ナショナリスト」である佐藤忠満の主張した「日本」という国号と「日の丸」の廃止について態度を決するべきでしょう。

私は日本の国号を改めろとか日の丸のデザインを変えろなどということを申し上げているのではありません。私もこの国号以外に適切な国号を思いつきませんし、日の丸のデザインも洗練されたすばらしい意匠だと思っていますし、国歌もこれでいいと思っています。問題はそういうことではなくて、どうしてこの国号が選ばれ、どうしてこの国旗のデザインになったのか、それらを選び続けるとしたら、その合理的な理由は何かといった一連の問いが意識に前景化されていないということです。この国号が選ばれ、この国旗が選ばれ、この国歌が制定されたのには、それなりの歴史的条件が整っていた。その判断はおそらくその時点での最適解であった。そのことについての国民的合意をつねに形成しておくべきではないか。面倒がらずに、その時点での議論にまで繰り返し遡（さかのぼ）って、そのつど改めて「だから、これでよかったのだ」という合意形成のために情理を尽くす努力を継続すべきではないかと申し上げているのです。「日の丸君が代に反対する人間は日本から出て行け」というのは、国家とは何か、国民とは何かという国民国家についての最重要の問いを「問うな」と脅迫している点で蒙昧主義の最たるものだと私は思います。こういう人間を「ナショナリスト」と呼ぶことに私は同意しません。

## 虎の威を借る狐の意見

今、国政にかかわる問いはほとんどの場合、「イエスかノーか」という政策上の二者択一でしか示されません。「このままでは日本は滅びる」というファナティックな（そしてうんざりするほど定型的な）言説の後に、「私の提案にイエスかノーか」を突きつける。これは国家、国民について深く考えることを放棄する思考停止に他なりません。

私たちの国では、国家の機軸、国民生活の根幹にかかわるような決定についてさえ、「これでいいのだ」と言い放つか、「これではダメだ」と言い放つか、どちらかであって、情理を尽くしてその当否を論じるということがほとんどありません。

たとえば、私たちのほとんどは、外国の人から、「日本の二十一世紀の東アジア戦略はどうあるべきだと思いますか？」と訊かれても即答することができない。「ロシアとの北方領土返還問題の『おとしどころ』はどのあたりがいいと思いますか？」と訊かれても答えられない。尖閣列島問題にしても、竹島問題にしても、「自分の意見」を訊かれても答えられない。もちろん、どこかの新聞の社説に書かれていたことや、ごひいきの知識人の持論をそのまま引き写しにするくらいのことならできるでしょうけれど、自分の意見は言えない。なぜなら、「そういうこと」を自分自身の問題としては考えたこともないから。少なくとも、「そんなこと」について自分の頭で考え、自分の言葉で意見を述べるように準備しておくことが自分の義務であるとは考えていない。「そういうむずかしいこと」は誰かえらい人や頭のいい人が自分の代わりに考えてくれるはずだから、もし意見を徴（ちょう）されたら、それらの意見の中から気に入ったものを採用すればいい、と。そう思っている。

そういうときにとっさに口にされる意見は、自分の固有の経験や生活実感の深みから汲みだした意見ではありません。だから、妙にすっきりしていて、断定的なものになる。

人が妙に断定的で、すっきりした政治的意見を言い出したら、眉に唾（つば）をつけて聞いた方がいい。これは私の経験的確信です。というのは、人間が過剰に断定的になるのは、たいていの場合、他人の意見を受け売りしているときだからです。

自分の固有の意見を言おうとするとき、それが固有の経験的厚みや実感を伴う限り、それはめったなことでは「すっきり」したものにはなりません。途中まで言ってから言い淀んだり、一度言っておいてから、「なんか違う」と撤回してみたり、同じところをちょっとずつ言葉を変えてぐるぐる回ったり……そういう語り方は「ほんとうに自分が思っていること」を言おうとじたばたしている人の特徴です。すらすらと立て板に水を流すように語られる意見は、まず「他人の受け売り」と判じて過ちません。

断定的であるということの困った点は、「おとしどころ」を探って対話することができないということです。先方の意見を全面的に受け容れるか、全面的に拒否するか、どちらかしかない。他人の受け売りをしている人間は、意見が合わない人と、両者の中ほどの、両方のどちらにとっても同じ程度不満足な妥協点というものを言うことができない。主張するだけで妥協できないのは、それが自分の意見ではないからです。

「虎の威を借る狐」に向かって、「すみません、ちょっと今日だけ虎縞じゃなくて、茶色になってもらえませんか」というようなネゴシエーションをすることは不可能です。狐は「自分ではないもの」を演じているわけですから、どこからどこまでが「虎」の「譲ることのできない虎的本質」で、どこらあたりが「まあ、そのへんは交渉次第」であるのか、その境界線を判断できない。もし彼がほんものの「虎」なら、「サバンナで狩りをするときは、茶色の方がカモフラージュとして有効ですよ」というような訳知りの説明をされたら一時的に「茶色」になってみせるくらいやぶさかではないと判断するというようなこともありえます。でも、「狐」にはそれができません。「自分ではないもの」を演じているから。借り物の看板のデザインは自己責任で書き換えることができない。私たちは「虎」とは交渉できるけれど、「狐」とはできない。そういうことです。「虎」なら、「自分は『虎』として何がしたいのか？」という問いを自分に向けることができます。でも「狐」は「自分が『虎』として何がしたいのか？」という問いを受け止めることができない。他人の受け売りをして断定的にものを言う人間が交渉相手にならないというのは、彼が「私はほんとうは何がしたいのか？」という問いを自分に向ける習慣を放棄しているからです。

よろしいですか、ある論点について、「賛成」にせよ「反対」にせよ、どうして「そういう判断」に立ち至ったのか、自説を形成するに至った自己史的経緯を語れる人とだけしか私たちはネゴシエーションできません。「ネゴシエーションできない人」というのは、自説に確信を持っているから「譲らない」のではありません。自説を形成するに至った経緯を言うことができないので「譲れない」のです。「自分はどうしてこのような意見を持つに至ったか」、その自己史的閲歴を言えない。自説が今あるようなかたちになるまでの経時的変化を言うことができない。「虎の威を借る狐」には決して「虎」の幼児期や思春期の経験を語ることができない。

ですから、もし、他人から「交渉相手」として遇されたいと望むなら、他人から「虎」だと思われたいのなら、自分が今あるような自分になった、その歴史的経緯を知っていなければならない。それを言葉にできなくてはならない。これは個人の場合も国家の場合も変わらないと私は思います。

日本人が国際社会で侮(あなど)られているというのがほんとうだとしたら(政治家やメディアはそう言います)、その理由は軍事力に乏しいことでも、金がないことでも、英語ができないことでもありません。そうではなくて、自分がどうしてこのようなものになり、これからどうしたいのかを「自分の言葉」で言うことができないからです。国民ひとりひとりが、国家について、国民について、持ち重りのする、厚みや奥行きのある「自分の意見」を持っていないからです。持つことができないのは、私たちが日頃口にしている意見のほとんどが誰かからの「借り物」だからです。自分で身銭を切って作り上げた意見ではないからです。

「虎の威を借る狐」は「虎」の定型的なふるまい方については熟知していますが、

「虎」がどうしてそのようなふるまい方をするようになったのか、その歴史的経緯も、深層構造も知らない。知る必要があるとさえ考えていない。だから、未知の状況に投じられたとき「虎」がどうふるまうかを予測することができない。

日本人がどうして自分たちが「ほんとうは何をしたいのか」を言えないのは、本質的に私たちが「狐」だからです。私たちはつねに他に規範を求めなければ、おのれの立つべき位置を決めることができない。自分が何を欲望しているのかを、他者の欲望を模倣することでしか知ることができない。

## 起源からの遅れ

聖書に「ヨブ記」という話があります。篤信（とくしん）の人ヨブが突然、何の理由もなく、不幸のどん底に陥り、財産を失い、家族を失い、業病（ごうびょう）に取り憑かれ、ついに天を呪うに至る……という話です。ヨブはこう呼ばわります。「私に教えよ。そうすれば、私は黙ろう。私がどんなあやまちを犯したか。」「私の目はこれをことごとく見た。私の耳はこれを聞いて悟った。」自分は悪いことを何一つしていない。だから、この罰は不当である。これを義とすることはできない。ヨブはそう言い張ります。それに対して神の言葉が下ります。

「わたしはあなたに尋ねる。わたしに示せ。わたしが地の基を定めたとき、あなたはどこにいたのか。」「あなたは海の源まで行ったことがあるのか。深い淵の奥底を歩き回ったことがあるのか。死の門があなたに現れたことがあるのか。あなたは死の陰の門を見たことがあるのか。あなたは地の広さを見きわめたことがあるのか。そのすべてを知っているなら、告げてみよ。」

自分の存在の起源について人間は語ることができません。空間がどこから始まり、終わるのか、時間がどこで始まり、終わるのか。私たちがその中で生き死にしている制度は、言語も、親族も、交換も、貨幣も、欲望も、その起源を私たちは知りません。私たちはすでにルールが決められ、すでにゲームの始まっている競技場に、後から、プレイヤーとして加わっています。私たちはそのゲームのルールを、ゲームをすることを通じて学ぶしかない。ゲームのルールがわかるまで忍耐づよく待つしかない。そういう仕方で人間はこの世界にかかわっている。それが人間は本態的にその世界に対して遅れているということです。それが「ヨブ記」の、広くはユダヤ教の教えです。

ふつうの欧米の人はこういう考え方をしません。過ちを犯したので処罰され、善行を示されておらず、下された処罰や報酬の規準は人知を超えているというような物語をうまく呑み込むことができない。どうして、私たちが「世界に対して遅れている」ということから出発しなければならぬのか、と彼らは反問するでしょう。まず、われわれが「世界はかくあるべき」という条件を決めるところから始めるべきではないのか、と。不思議なことに、ヨーロッパ人には呑み込みにくいこういう考え方が私たち日本人には意外に腑に落ちる。

ゲームはもう始まっていて、私たちはそこに後からむりやり参加させられた。そのルールは私たちが制定したものではない。でも、それを学ぶしかない。そのルールや、そのルールに基づく勝敗の適否については（勝ったものが正しいとか、負けたものこそ無垢の被害者だとかいう）包括的な判断は保留しなければならない。なにしろこれが何のゲームかさえ私たちにはよくわかっていないのだから。

日本人はこういう考え方にあまり抵抗がない。現実にそうだから。それが私たちの実感だから。ゲームに遅れて参加してきたので、どうしてこんなゲームをしなくちゃいけないのか、何のための、何を選別し、何を実現するためのゲームなのか、どうもいまひとつ意味がわからないのだけれど、とにかくやるしかない。

これが近代化以降の日本人の基本的なマインドです。そして、このマインドは、ある部分までは近代史の状況的与件に強いられたものですけれど、日本列島住民が古代からゆっくりと形成してきた心性・霊性にも根の先端が届いている。私はそうではないかと思います。

辺境人にとって「起源からの遅れ」はその本態です。日本人の国民性格には深々と「遅れ」の刻印が捺されています。それが悪い出方をすれば、「虎の威を借る狐」になる。でも、よい出方をすることもある。「起源からの遅れ」という構造特性が「よい出方」をすれば、どうなるのか。あるいはどうすれば「よい出方」をするのか。

社会的制度のうちには、「本源的な遅れ」という考想を前提にしないとうまく機能しないものがあります。一つは師弟関係です。

私たちがものを学ぶとき、私たちは師を選ばなければなりません。ところが、私たちがこれから学ぼうとしている技芸や学問についてはたくさんの専門家がいて、それぞれに流派を立て、持論を説いている。私たちはその中から「自分の師」を選ばなければならない。でも、私たちにはどの人が私の師にふさわしいのかを俯瞰的視座から言うことができない。というのも、その技術や知識について俯瞰的視座から一望することができないということが私たちがそれを学びたいと望んでいる当の理由だからです。

ほとんどの場合、私たちは学びたいと望んでいるものについて重要なことを何も知りません。「どうでもいいことを少しだけ知っているが、肝腎なことは何も知らない」というくらいの無知のレベルにいるときが、ものを学ぶ動機はもっとも高い。

私は合気道という武道を長く修業し、今は道場も開いて、それなりの数の門人もいますが、三十数年前に入門したとき、この武道について知っていることは（道場が下宿から歩いて五分のところにあるという以外）ゼロでした。能楽もかなり長く稽古していますけれど、これも入門するときに持っていた知識はほとんどゼロでした。ですから、私が「私の師」を選んだとき、私はいくつかの選択肢、何人かの師を比較考量し、吟味の上で、その中で客観的に見てもっともすぐれたものを採用するということをしていません。そして、私たちはそれがおかしいとは少しも思わない。師に就いて学ぶというのはそういうことだからです。

これは日本人が「国のモデル」を採用するときにしていることと同じことです。私たちは国のあるべき方向を決めるときにも、師弟関係に準拠してことを行っている。それは師弟関係というものがきわめてすぐれた（おそらく考え得る最高の）「学習装置」であると日本人がどこかで信じているからです。

もし、ものを学ぼうとしている人に、「就いて学ぶべき師を正しく選択できるように、師たちを客観的に適正に格付けできる予備的能力」を要求したらどうなるでしょう。そんな予備的能力を要求されたら、私たちは一生学び始めることができないでしょう。学び始めるためには、「なんだかわからないけれど、この人についていこう」という清水の舞台から飛び降りるような覚悟が必要だからです。そして、この予備的な考査抜きで、いきなり「清水の舞台から飛び降りる覚悟」を持つことについては、私たち日本人はどうやら例外的な才能に恵まれている。

複数の選択肢のうちから最良のものを選択できるような俯瞰的な考量的立場に立つことを禁じられたまま選択を迫られたもの、「起源に遅れて世界に到来したもの」が発達させることのできる才能はそれしかありません。そして、これは同時にすぐれて宗教的な態度でもあります。

新渡戸稲造はかつてベルギーにおいて、日本では学校で宗教教育を行っていないと言ったところ、それを聞いた学者が驚嘆して、「宗教なしで、どうやって道徳教育を授けるのですか」と言ったと、その『武士道』に記しています。

「当時この質問は私をまごつかせた。私はこれに即答できなかった。というのは、私が少年時代に学んだ道徳の教えは学校で教えられたのではなかったから。私は、私の正邪善悪の観念を形成している各種の要素の分析を始めてから、これらの観念を私の鼻腔に吹き込んだものは武士道であることをようやく見いだしたのである。」[43]

広く人口に膾炙したフレーズですが、これは日本人の倫理性についてずいぶん多くのことを語っています。新渡戸稲造にして、おのれの正邪善悪の観念を形成しているものを「体系」というかたちでは言うことができなかった。それは何となく決まっているものであり、「これは武士道にかなっている」「これはかなっていない」という判断には汎通性があるけれど、改めて「それは何を規準に定まるのか」と問われると、うまく答えることができない。「武士道」というのは「鼻腔に吹き込」まれるもの、まさに「空気」以外のなにものでもないからです。

武士道を成文化した文書は存在しません。十七世紀初めに定められた「武家諸法度」

という法文は存在しますが、これは婚姻・居城・徒党などについての法的規定であって、道徳的教訓をなすものではありません。

新渡戸は『武士道』という本を通じて、日本人の倫理を英語で英語圏の人々に「説明」するために感動的な努力をします。義・勇・仁・礼・誠・名誉・忠義・克己・切腹などについて新渡戸は縷々記すのですが、この本を読んだ英語話者たちが「武士道」についてどこまで理解を深めたのか、私にはわかりません。義勇や名誉忠義などは西欧世界にも類例のものがありますから、それとの類比で、欧米と同様のものが日本にもあるという論が成り立ちますけれど、武士道を真に日本固有のものたらしめている点、欧米には類比すべきものがない要素については、新渡戸の言葉も及んでいないのではないかと思います。

新渡戸によれば、武士道が武士階級から平民たちに流下し、「全人民に対する道徳的標準」となったとき、それは「大和魂」と呼ばれます。

「『大和魂』は遂に島帝国の民族精神を表現するに至った。もし宗教なるものは、マシュー・アーノルドの定義したるごとく『情緒によって感動されたる道徳』に過ぎずとせば、武士道に勝りて宗教の列に加わるべき資格ある倫理体系は稀である。本居宣長が

敷島の大和心を人問はば
　　朝日に匂ふ山桜花

と詠じた時、彼は我が国民の無言の言をば表現したのである。[44]」

新渡戸は武士道の神髄を「山桜花」の審美的たたずまいに託して筆を擱いてしまいます。それは結局「匂い」なのです。場を領する「空気」なのです。

同じような断念は、例えば徳川家康の殺害を企てた二人の少年の咎に連座した八歳の弟八麿の、切腹の場でのふるまいを叙する章でも示されます。

幼くて切腹の作法を知らない弟が「ついぞ切腹を見たることなければ、兄のなさん様を見て己れもこれに倣わん」と言うと、兄二人は涙ながらに微笑み、「いみじくも申したり、健気の稚児や」とみごとに腹かっさばいて切腹の見本を見せると、弟は「兄のなす様を見、両人の共に息絶ゆるや、静かに肌を脱ぎて、左右より教えられしごとく物の見事に腹切り了った。[45]」

この幼子は別に徳川家康に害意があったわけでもありませんし、襲撃に加わってもおりません。けれども、兄弟と同じ運命をたどることを従容として受け容れます。場の親密性を優先するためには、どうして自分が死ななければならないのか、なぜ罪なくしてこのような残虐で不合理な罰を受けなければならないのかについて主題的に問うことをしない。静かに「空気」に従うのです。

このような風儀が存在することは伝えられても、それが「善し」とされる理路を新渡戸は英語圏の読者にうまく伝えることができたでしょうか。私は困難だろうと思います。それは「朝日に匂ふ山桜花」についても、幼子八麿の自死についても、筆写している新渡戸稲造自身が自分の引用に感動しているからです。その可憐さに新渡戸自身の魂が共振して震えてしまっている。

「朝日に匂ふ山桜花」の放つ香気に触れて、新渡戸はこう書いています。

「かく美しくして散りやすく、風のままに吹き去られ、一道の香気を放ちつつ永久に消え去るこの花、この花が大和魂の型（タイプ）であるのか。日本の魂はかくも脆（もろ）く消えやすきものであるか。[46]」

文章は修辞的な疑問文であり、「そうではない」という答えと「そうである」という答えの両方に対して開かれています。新渡戸はこう言いたいのです。「日本の魂はかくも脆く消えやすきものである」がゆえに、当然にも脆く、消えやすい（これは認知的事実です）。しかし、だからこそ決して消えてはならず、いつまでも人類史上例外的な光輝を放ち続けねばならない（これは遂行的希望です）。まさに「脆く消えやすいもの」であることを至上の美質とみなすような文化であるがゆえに、それは脆くあってはならず、消えてはならない。これが新渡戸稲造の採用したトリッキーな論法です。捨て身の論法と言ってよいでしょう。おのれの脆弱さ、あるいは無防備を、その死守すべき美質として掲げているわけですから。けれども、これこそが新渡戸が擁護し顕彰しようとしている当の武士道の精髄なわけです。それを新渡戸は知的対象として語っているのではなく（語ろうとしたのですが、うまくゆかなかった）、現にそれに感動しつつある彼自身の感動へ読者を共振させようとして語ってしまっている。「この空気に感染してくれ」と欧米の読者たちに懇請している。

私はこの書物に書かれている武士道についての記述のすべてに同意するものではありませんが、新渡戸自身が武士道に従って記述していることには深く同意します。

興味深い論点をもう一つ挙げます。「武士道」の非西欧的な要素を擁護するときの新渡戸の筆致がいささかヒートアップするのは「武家の商法」について語るときです。

武士は久しく商業にかかわりませんでした。「商業ほど武士と遠く離れたるはなかった。商人は職業の階級中、士農工商と称して、最下位に置かれた。[47]」新渡戸はこの商業蔑視と、それが導く当然の帰結である市場経済における武家の没落を当然のこととして受け容れます。

「我が開港場が外国貿易に開かれたる後僅々数年にして封建制度は廃せられた。しかしてこれと共に武士の秩禄が取り上げられ、その代償として公債が与えられた時、彼らはこれを商業に投資する自由を与えられたのである。」ところが、「多くの高潔にして正直なる武士は新しくかつ不慣れなる商工業の領域において狡猾なる平民の競争者と競争するに際し、全然駆け引きを知らぬがため恢復し難き大失敗を招[48]」いたのである。

それは士族たちが誓約や契約というものを軽んじたからだ、というのが新渡戸の解釈です。

「真個の武士は、誓いをなすをもって彼らの名誉を引き下げるものと考えた。[49]」

証文を記すことも、担保を置くことも、債務の履行を促すことさえ不名誉と考えるビジネスマンが資本主義社会で生き残れるはずはありません。けれども、武士においては名誉は実利につねに優先します。それゆえ新渡戸は「正直は引き合う」(Honesty pays in the long run) という欧米流の商業道徳に対して、次のようなパセティックな宣言をなすことになります。

「しからば、徳それ自身がこの徳の報酬ではないのか。もし正直は虚偽よりも多くの現金を得るが故にこれを守るのだとすれば、私は恐れる、武士道はむしろ虚言に耽ったであろうことを！

武士道は『或るものに対して或るもの』という報酬の主義を排斥する……。[50]」

ここには非常に重要なことが書かれています。武士道は「或るものに対して或るもの」という報酬の主義を排する。新渡戸はたしかにそう書いています。努力と報酬の間に相関があることが確実に予見せらるることは武士道に反する、そう言っているのです。これは日本文化の深層に届く洞見だと私は思います。

## 無防備に開放する日本人

努力と報酬の間の相関を根拠にして行動すること、それ自体が武士道に反する。新渡戸稲造はそう考えていました。私はこのような発想そのものが日本文化のもっとも良質な原型であるという点において新渡戸に同意します。努力とその報酬の間の相関を予見しないこと。努力を始める前に、その報酬についての一覧的開示を要求しないこと。こういう努力をしたら、その引き換えに、どういう「いいこと」があるのですかと訊ねないこと。これはこれまでの著書でも繰り返し申し上げてきた通り、「学び」の基本です。もちろん、世界中のあらゆる賢者はこのことを一般論としては熟知しており、それについて繰り返し説いてきました。けれども、この構えを集団的な「刷り込み」によって民族的エートスにまで高めようという無謀を冒したのは日本人（とユダヤ人）くらいでしょう。

私は「だから日本人はえらいのだ」というような短絡的な結論に導くためにこんなことを書いているわけではありません。同じ前件から「だから日本人はダメなのだ」という結論を導くことも同じように可能だからです。国民性格というのはそういうものです。いいところもあれば悪いところもある。

日本人の知的傾向に丸山眞男は「きょろきょろ」という擬態語を当てました。私はこれ以上ふさわしい形容を思いつきません。まさに「きょろきょろ」こそは私たちの基本姿勢なのです。そして、想像すればわかりますが、それは「師を求める弟子の渇望」、「自分を養う乳房を求める幼児の焦慮」について言うときに、もっともふさわしい言葉でもあるのです。

学びの起源的形態は「母語の習得」です。けれども、私たちが母語を学習し始めるときに、「日本語運用能力を身につけると、コミュニケーションも円滑に進むし、いずれ就職や昇進にも有利であろう」などということは考えません。あるいは「この人から母語を習ってよいのであろうか。この人の用いている語彙（ごい）は適切なのであろうか、発音は正統的なのであろうか」などとも考えません。そもそも「能力」とか「有利」とか「語彙」とかいう概念そのものをまだ知らないのですから、そんなこと考えるはずがない。学びは学んだ後になってはじめて自分が学んだことの意味や有用性について語れるようになるという順逆が転倒したかたちで構造化されています。私たちが学ぶのは、学ぶとどんな「いいこと」があるかが確実に予見されているからではありません。学ぶことによって、学ぶ前にはそのようなものがこの世に存在することさえ知らなかった「いいこと」が事後的に私たちの知に登録されてゆくのです。

「学ぶ」構えは知性のパフォーマンスを向上させるためには劇薬的に効きます。劇薬であるだけに、使い方がむずかしい。おそらくそのせいで、「学ぶ」ということを集団の統合原理の基礎にしているような社会集団はほとんど存在しない。私が知る限り、欧米ではどちらかというと、学び始める前に「教える者」に対して、「あなたが教えることの意味と有用性について一覧的に開示せよ。その説明が合理的であれば、学ぶにやぶさかでない」というような（わりと強気の）態度から入ることが多いようです（教わった後も、「じゃあ、もうあなたから学ぶべきことは学んだようですな。では、さようなら」とあっさり旧師を棄ててしまうというケースもしばしば見られます）。

大学のシラバスは、典型的に欧米的な教育思想の産物ですが、これは学び始める前に、これから学ぶことの意味や有用性について初心者にもわかるように書かれた説明です。大学の教師はこれを書くことを義務づけられています。私は「このような考え方に立ったらもう学びは成立しない」と思っていますが、同意してくれる人は多くありません。しかし、学び始める前に、これから学ぶことについて一望俯瞰的なマップを示せというような要求を学ぶ側は口にすべきではない。これは伝統的な師弟関係においては常識です。そんなことをしたら、真のブレークスルーは経験できないということを古来日本人は熟知していた（今でも教師たちの多くは実感としてはそのことをわかっています）。でも、それがかなり例外的な伝統ではないかという問いは意識化されていない。

論文の形式がそうですね。英米系の学会論文では序論で全体の構成と結論が予示されていて、論の全体があらかじめ一望俯瞰されるようになっています（だから十数行読めば、だいたいどの程度の論文か判定できます。その点では経済的ですが）。「これから私が書くことが私をどのような結論に導くのかは、序論の段階ではまだわからない」というようなことを書いたら（本書がそうですけれど）、英米系の学問スタイルに準拠する学会誌のレフェリーからは「一発リジェクト」です。知識や技能の習得に先立って、それが会得するに値するものであることをエビデンス・ベーストで説明することを義務として課す知的風土があり、それが今のところの「世界標準」です。けれども、日本はそうではありません。

もちろん英米系の叙述スタイルで学術論文を書く学者はわが国にもたくさんいます（ほとんどがそうです）。でも、彼らはその彼らが現に駆使している叙述スタイルが会得するに値するものであるかどうかをエビデンス・ベーストで説明することはしません。彼らがするのは、「これが『世界標準』だ。そう決まっているのだ」という宣告だけです。その適切性を証明するためには何もしない。「そう決まっている」と師に教えられたので、その形式を学んで、会得した。つまり、これは際立って日本人的なふるまい方だということです。

彼らは「これとは違う記述の仕方もあるはずではないか。私自身の知的パフォーマンスの高度化という究極目的を達成するためには、これとは違うライティング・スタイルの適否についても検討してみることが有用ではないか」という問いをおそらく自分に向けたことがありません（実際、英米系以外にも「大陸型ライティング・スタイル」というのがあります。レヴィナスやラカンやデリダの文体がそうです）。

「非専門家向けの新書だから」易しく書こうとか、学会誌だからテクニカルタームを使っても大丈夫とかいう違いについて配慮することはあるでしょう。けれども、「自分の知性のパフォーマンスを最高化するためにはどのような文体が適切か」という問いが学的主題になりうると考えている学者は日本人にはほとんど存在しない。

でも、本来そういうことをとことん問うのが「英米式」なんです。英米的な構えというのはそういうことです。すべての人には等しくルールを決める権利が分与されている。だから、私の決めたルールが他のルールを退けて多数派の同意を得れば、それが世界標準になる。そう考えるのが「英米式」なんです。「みんなが英米式でやっているから英米式でやりましょう」というのは「日本式」なんです。

日本人はこれから学ぶものの適否について事前チェックをしない。これは私たちに刷り込まれた一種の民族誌的奇習です。けれども、この奇習ゆえに、私たちは、師弟関係の開始時において、「この人が師として適切であるかどうかについては吟味しない」というルールを採用していた。そういう仕方で知的なブレークスルーに対して高い開放性を確保していた。

新渡戸稲造が武士道の神髄をその無防備さ、幼児性、無垢性のうちに見たことを先に示しましたが、その欠点は、同時に、外来の知見に対する無防備なまでの開放性というかたちで代償されている。外来の知見に対したとき、私たちは適否の判断を一時的に留保することができる。極端な言い方をすれば、一時的に愚鈍になることができる。それは一時的に愚鈍になることによって知性のパフォーマンスを上げることができるということを私たちが（暗黙知的に）知っているからです。自らをあえて「愚」として、外来の知見に無防備に身を拡げることの方が多くの利益をもたらすことをおそらく列島人の祖先は歴史的経験から習得したからです。

## 便所掃除がなぜ修業なのか

師弟関係では、弟子にはこれから就いて学ぶべき師を正しく選択したかどうかについては挙証が求められません。弟子に師を適正に格付けできる能力があらかじめ備わっているはずがないと考えるからです。だから、誰を師としてもよい。そのような乱暴なことが言い切れるのは、一つには、師が何も教えてくれなくても、ひとたび「学び」のメカニズムが起動すれば、弟子の眼には師の一挙手一投足のすべてが「叡智の徴」として映るということです。そのとき、師とともに過ごす全時間が弟子にとってはエンドレスの学びの時間になる。

これまで教育論で何度も引きましたけれど、太公望の武略奥義の伝授についてのエピソードが『鞍馬天狗』と『張良』という能楽の二曲に採録されています。これは中世の日本人の「学び」というメカニズムについての洞察の深さを示す好個の適例だと思います。

張良というのは劉邦の股肱の臣として漢の建国に功績のあった武人です。秦の始皇帝の暗殺に失敗して亡命中に、黄石公という老人に出会い、太公望の兵法を教授してもらうことになります。ところが、老人は何も教えてくれない。ある日、路上で出会うと、馬上の黄石公が左足に履いていた沓を落とす。「いかに張良、あの沓取って履かせよ」と言われて張良はしぶしぶ沓を拾って履かせる。また別の日に路上で出会う。今度は両足の沓をばらばらと落とす。「取って履かせよ」と言われて、張良またもむっとするのですが、沓を拾って履かせた瞬間に「心解けて」兵法奥義を会得する、というお話です。

それだけ。不思議な話です。けれども、古人はここに学びの原理が凝縮されていると考えました。

『張良』の師弟論についてはこれまで何度か書いたことがありますけれど、もう一度おさらいさせてください。教訓を一言で言えば、師が弟子に教えるのは「コンテンツ」ではなくて「マナー」だということです。

張良は黄石公に二度会います。黄石公は一度目は左の沓を落とし、二度目は両方の沓を落とす。そのとき、張良はこれを「メッセージ」だと考えました。一度だけなら、ただの偶然かもしれない。でも、二度続いた以上、「これは私に何かを伝えるためのメッセージだ」とふつうは考える。そして、張良と黄石公の間には「太公望の兵法の伝授」以外の関係はないわけですから、このメッセージは兵法極意にかかわるもの以外にありえない。張良はそう推論します（別に謡本にそう書いてあるわけではありません。私の想像）。

沓を落とすことによって黄石公は私に何を伝えようとしているのか。張良はこう問いを立てました。その瞬間に太公望の兵法極意は会得された。

瞬間的に会得できたということは、「兵法極意」とは修業を重ねてこつこつと習得する類の実体的な技術や知見ではないということです。兵法奥義とは「あなたはそうすることによって私に何を伝えようとしているのか」と師に向かって問うことそれ自体であった。論理的にはそうなります。「兵法極意」とは学ぶ構えのことである。それが中世からさまざまの芸事の伝承において繰り返し選好されてきたこの逸話の教訓だと私は思います。「何を」学ぶかということには二次的な重要性しかない。重要なのは「学び方」を学ぶことだからです。

弟子が師に向かって「先生、毎日便所掃除とか廊下の拭き掃除とかばかりで飽きちゃいましたよ。いつになったらぼくに極意を教えてくれるんですか。ねえ、先生ってば」というような督促をすることは許されません（ふつう、そんなこと言ったら即破門）。というのは、師弟関係を起動させるために、師はできる限り弟子から見て無意味と思える仕事をさせるに決まっているからです。それがいちばん効率的だから。もし、うっかり新参の弟子にでもその有用性が理解できるような仕事を言いつけたら、弟子は自分自身の判断枠組みの「正しさ」を追認してしまいます。「なるほど、修業のプロセスでも、私の判断基準は適用可能なのだ」と思ってしまう。ということは、弟子が「これは意味がない」と思った仕事を師から命じられた場合には「いやです」と抗命することも可能だということです。「そんなことより、もっと直接修業に有用なことをさせてください」と言うようになる。学びのモチベーションはそれによって致命的に損なわれる。伝統的な師弟論はそう考えます。

一方、黙々と便所掃除ばかりしている弟子では「感情」の方が変化します。そういう「無意味なこと」をしている自分を何とか合理化しようとするからです。

池谷裕二さんがわかりやすい例を挙げていましたので、それをご紹介しましょう。もし好きな人がいて、その人を振り向かせようと思ったら、「プレゼントをあげる」のはダメと池谷さんは忠告します。逆なんです。「プレゼントさせる」。あるいは「仕事を手伝ってあげる」のではなく「仕事を手伝わせる」。

「なぜかというと、仕事を手伝わされた相手は、こんな思考をたどります。まず『どうして自分は手伝っているんだろう』と考えます。

次に、推論はこう進みます。『そもそも嫌いな人になんか手を貸すはずがない』『やはり自分はこの人が好きなのか』……。そう思い至って、次第に手伝ってあげている相手が好きになっていくのです。

これは無意識の心の作用です。一般に、自分が取った態度が感情と矛盾するとき、起こしてしまった行動自体はもう否定できない事実ですから、心の状態を変化させることでつじつまを合わせて、行動と感情が背反した不安定な状態を安定させようとします。[51]」

師弟関係においてもこれと同じ「つじつま合わせ」が行われます。師は何も教えない。少なくとも弟子の目に「意味がある」と思うことは何も教えない（沓を落とすくらいで）。しかし、師は澄まして「これが修業である」と言い張る。弟子は困惑します。困惑のあげくに、「先生が私に無意味なことばかりさせるはずがない。ということは、私は意味のあることをしているのだ。つまり、先生はあまりに偉大なので、そのふるまいが深遠すぎて、私には『意味』として察知されないだけである」というかなり無理のある推論にしがみつくようになります。「私は意味のあることをしている」という「正しさ」を立証するために、「私は何に意味があるのか、よくわかっていない」という「愚かさ」を論拠に引っ張り出す。おのれの無知と愚鈍を論拠にして、おのれを超える人間的境位の適法性を基礎づける。それが師弟関係において追い詰められた弟子が最後に採用する逆説的なソリューションなのです。

「私はなぜ、何を、どのように学ぶのかを今ここでは言うことができない。そして、それを言うことができないという事実こそ、私が学ばなければならない当の理由なのである」、これが学びの信仰告白の基本文型です。

「学ぶ」とは何よりもまずその誓言をなすことです。そして、この誓言を口にしたとき、人は「学び方」を学んだことになります。ひとたび学び方を学んだものはそれから後、どのような経験からも、どのような出会いからも、どのような人物のどのような言動からも、豊かな知見を引き出すことができます。賢者有徳の人からはもちろん、愚者からも悪人からもそれぞれに豊かな人間的知見を汲み出すことができる。

もし、『鞍馬天狗』にいう「武略」が、あらゆる修辞的装飾をそぎ落としたぎりぎりの内実において、「何があっても生き延びるための術」のことを指すのだとするなら、愚鈍な人間がどのように愚鈍に思考するか、邪悪な人間がどのように邪悪にふるまうかについて知っていることは、賢者や聖人のふるまいについての知よりも生き延びる上では有用な情報かも知れません。たしかに、「どうやったら速く動けるか」とか「どうやったら腕力を強められるか」といった戦闘場裏におけるプラクティカルな技術知よりも、人間の愚かさや邪悪さについての知の方がたいていの場合「武略」的には重要です。ですから、もし、「太公望の兵法極意」がほんとうに「武略の本義」にかかわるものであるとしたら、鞍馬山の大天狗が牛若丸に対して「学べる限り、あらゆる機会に、あらゆるものから学べ」と指示するのは当然のことだったのです。人間のあり方と世界の成り立ちについて教えるすべての情報に対してつねにオープンマインドであれ。これが「学びの誓言」をなしたものが受け取る実践的指示です。

### 学びの極意

張良の逸話の奥深いところは、黄石公が張良に兵法極意を伝える気なんかまるでなく、たまたま沓を落としていた場合でも（その蓋然性はかなり高いのです）、張良は極意を会得できたという点にあります。メッセージのコンテンツが「ゼロ」でも、「これはメッセージだ」という受信者側の読み込みさえあれば、学びは起動する。

この逆説は私たち日本人にはよくわかります。気の利いた中学生でもわかる。でも、この程度の逆説なら「気の利いた中学生でもわかる」のは世界でもかなり例外的な文化圏においてである、ということはわきまえておいた方がいいと思います。

私たち日本人は学ぶことについて世界でもっとも効率のいい装置を開発した国民です。私はそう思っています。辺境の列島住民が「最高の効率で学ぶ」技術を選択的に進化させたのはある意味では当然すぎるほど当然なことだからです。辺境民がその地政学的地位ゆえに開発せざるを得なかった「学ぶ力」が日本文化とその国民性の深層構造に(「執拗低音」のように)鳴り響いている。

弟子はどんな師に就いても、そこから学びを起動させることができる。仮に師がまったく無内容で、無知で、不道徳な人物であっても、その人を「師」と思い定めて、衷心から仕えれば、自学自習のメカニズムは発動する。『張良』はこのメカニズムの卓越性を描いていますが、同時にこのメカニズムの不条理さと危うさを描いた物語もあります。『こんにゃく問答』という落語がそれです。旅の学僧と、住職に化けた無学なこんにゃく屋の六兵衛さんが無言のままデタラメな問答をする話です。僧が手で印を作って問いかけるのに、六兵衛さんがジェスチャーで応じる。僧が指で丸をつくって胸の前に置くと、六兵衛さんは大きな輪を作って応じる。僧が十本の指を立てると、六兵衛さんは五本の指を差し返す。僧が指三本を突き出すと、六兵衛さんは自分の目を指さす。学僧はこの答えに驚嘆して、「ご住職は大変な学者である」と感心して去ってゆきます。

学僧の理解するところでは、第一問は「胸中や如何」というものでした。それに対する住職(実は六兵衛さん)の答えは「大海の如し」。第二問「十方世界は」。住職の答えは「五戒で保つ」。第三問「三尊の弥陀は」。答えは「眼下にあり」。なんと深遠な回答であろうかと僧は仰天してしまうのです。

ところが、六兵衛さんの理解では、第一問「お前のところのこんにゃくはこのくらいだろう」、答え「ばかやろ、これくらいだよ」。第二問「十丁でいくらだ」、答え「五百文だよ」。第三問「三百にまけろ」、答え「あかんべえ」。

奥の深い落語です。『こんにゃく問答』のすごいところは、この学僧はこんにゃく屋の六兵衛さんから実際に深遠な宗教的知見を学んでしまったということです。弟子は師が教えたつもりのないことを学ぶことができる。これが学びのダイナミズムの玄妙なところです。

結果的に学べるなら、誰に師事したって同じである。私たちは無意識のうちにそう思っています。その暗黙知が「張良」のようによい効果を示すこともあるし、「こんにゃく問答」のようにナンセンスに堕す場合もある。「虎の威を借る狐」という日本人の最悪の国民性格として発症する場合もある。

## 『水戸黄門』のドラマツルギー

政治家からメディア知識人まで、お笑い芸人から研究者まで、私たちはあらゆる場面に「虎の威を借る狐」の心性を観察することができます。でも、私はこの趨向性を単なる「事大主義」で説明することには反対です。病的なほどの付和雷同傾向、「大政翼賛会的」権威主義は、単に権力者に迎合して、火事場の騒ぎにつけ込んで、ささやかな利益をかすめ取ろうという利己的な動機だけでは説明がつかないと思うからです。

現に、多くの場合、「虎の威を借る狐」は「どうせ狐だ」ということがはじめから周りの人には露呈しています。「バカが時勢に合わせて威張っている」と端から足元を見られている。にもかかわらず「最新の学説」とか「〇〇はもう古い。これからは××の時代だ」といった「呪符」（と申し上げてよいでしょう）を突きつけられると、私たちは例外なしにふらふらと脱力してしまう。「それがどうした」と言い返すことができない。言おうとしても口がこわばって言えない。

だから、どの時代の、どんな領域でも（政治でも、芸術でも、学問でも）「時流に乗って威張る人」と「時流に乗って威張る奴に、いいように鼻面を引き回されている人」があっという間にマジョリティを形成してしまう。見た目はずいぶん違いますけれど、彼らはある反応パターンを共有しています。それは、「何だかよくわからないもの」に、出食わしたら、とりあえずそれに対して宥和的な態度を示すということです。「なんだかわからないもの」に出会ったら、判断を留保し、時間をかけて吟味し、それが何であるかを究明しようとするのではありません。とりあえず宥和(ゆうわ)的な態度を示す。そのままぼんやり放置しておく。そして、誰かが「これはすごい」と言うと、たちまちそれが集団全体に感染する。

これは学びへの過剰適応と呼ぶことができると私は思います。

「威を借る狐」は「下々のもの」に向かって、やおら「印籠(いんろう)」を取り出して、「ここにおられるのは誰だと心得る。畏れ多くも……」と居丈高(いたけだか)に告げる。すると一同はたちまち平伏(へいふく)する。誰も、「それが何か?」とは言わない。

興味深いことに、私たちの社会では、「立場が上」の人々は決してなぜ自分はあなたより立場が上であるかということを説明しません。そのような挙証責任をまぬかれているという当の事実こそが彼が「立場が上の人間」であることを証明していることになっているからです。少なくとも、私たちはそう推論して怪しまない。でも、本当を言うと、「証明しない」のは「証明できない」からなんです。

水戸黄門が自分では「印籠」を出さないのはなぜか、それについて考えたことがありますか。それは徳川光圀自身が印籠を取り出して「控えい」と怒鳴っても、たぶんあまり効果がないからです。これは助さん格さんがやってはじめて有効なのです。この二人は「虎の威を借る狐」ですから、実のところどうして水戸黄門が偉いのか知らない。「でも、みんなが『偉い人だ』と言ってるから……」という同語反復によってしか主君の偉さを（自分にさえ）説明できない。でも、子どもの頃からそう教えられてきたので、服従心が骨肉化している。この彼らの「どうして偉いのか、その根拠を実は知らない人に全面的に服従している」ありように感染力があるのです。印籠そのものには何の政治的効果もありません。でも、「助さん、格さん、その辺にしておきなさい」という命令に忠犬のように服従するそのありさまには感染力がある。

みなさんもテレビドラマを見て「何かおかしい……」と思ったことはありませんか。それはワルモノが最後に逆上して、「ええい構わぬ斬り捨てい」という展開は毎度のことであるのに、「この爺い、つまらぬハッタリをかましおって」とせせら笑って、そのまま黄門一行を置き去りにして、すたすた立ち去るという展開になることがないという点です。おかしいと思ったこと、ありませんか。論理的に考えると（『水戸黄門』のドラマツルギーについて語るときに「論理的に考えると」という措辞が適切ではないことは百も承知で申し上げますが）そういう展開があってもいいはずです。でも、ない。

この物語のかんどころは「前の副将軍」が供を二人連れただけのただの大店のご隠居にしか見えないという点にあります。その一見すると「ただの爺い」が、「狐」たちが「虎だ、虎だ」と言い立てると、「虎」のように見えてしまう。黄門さまは別にきわだった才知や武技を示すわけではありません。単に場違いなほどに態度が大きいだけです。「ここにあらせられるは前の副将軍」という一方的な名乗りを裏づける客観的な証拠は、実はどこにもない（葵のご紋の入った「印籠」なんていくらでもフェイクが作れます）。そして、その何の根拠もない名乗りを信じることが自分の不利益であるにもかかわらず、ワルモノたちはたちまちその名乗りを信じてしまう。

その点で言えば、ドラマの前半に出てくる、街場のカタギの人たちの方が黄門の名乗りに対してはずっと常識的に対応しています。彼らは「このじいさんはただの大店の隠居」であるという第一印象をたいてい最後まで手放しません。「根拠のない権威の名乗り」を頭から信じてしまうのは、ワルモノたちだけなのです。

理由はもうおわかりですね。ワルモノたちは（代官も勘定奉行も）、彼ら自身が「根拠のない権威の名乗り」によって、現在の地位に達し、その役得を享受しているので、

「あなたの権威の由来を挙証せよ」という言葉を他人に向かっても言うことができなくなっているのです。その言葉が彼ら自身に対して向けられることを怖れ、忌避し続けてきたので、「どうしてあなたは偉いのか」という問いの文型そのものが彼らにおいては封印されてしまっているのです。言おうとしても口がこわばって言えない。

『水戸黄門』はワンパターンの、何の批評性もないシンプルなドラマだと思っている方がおられるかもしれませんけれど、そう侮ったものではありませんよ。このワルモノたちこそ、日本の知識人たちのヴォリュームゾーンを形成するところの、「舶来の権威」を笠に、「無辜の民衆」たちを睥睨してきた「狐」たちの戯画に他ならないのですから。

彼らは自分では自分の権威を基礎づけることができない。けれども、「印籠」を差し出して「控えい、控えい」と言い募ることで久しく権益を享受してきた。ですから、彼らと同じように、基礎づけを示さないまま、いきなりひれ伏すことを要求する人間を前にしたときに、どうしていいかわからない。それはまさに彼ら自身がやってきたことだからです。

「あなたの名乗りの信憑性について、この場のすべての人間が同意できるような価値中立的で公正な審問の場を立てて検証しようではないか」という誰が考えても「いちばん合理的なソリューション」を誰も口にすることができない。それが「狐」にかけられた呪いです。

「狐」が「時流に迎合して威張っているだけのバカ」だということが私たちには実はちゃんとわかっているのです。わかっていながら、どうしてもそれに対抗することができない。そういう心理的な「ロック」がかかっている。でも、その同じ呪縛は「狐」自身をも繋縛しています。だから、次に彼と同じタイプの「時流に迎合して威張っているだけのバカ」が出現したときに、「狐」はそれに対抗することができずに、むざむざとその座を明け渡すことしかできない。もしかすると、そのようにして、私たちの社会では権力者の交替を制度的に担保してきたのかもしれません。

『水戸黄門』が日本人視聴者から長く選好されているのは、それがきわめて批評性の高い「日本的システムの下絵」であり、「日本人と権力の関係についての戯画」だからだと私は思っています。視聴者たちは黄門さまご一行に感情移入してこのドラマを見ているわけではありません（彼らは人間的奥行きを欠いた記号にすぎません）。リアルに造形されているのはワルモノたちの方です。視聴者たちはこの、自己利益の追求においてはそれなりに合理的なのに、ひとたび外来の権威を前にすると思考停止に陥る人々のうちに自分たちの似姿を見て、「なるほど私たちの心理はこのように構造化されているのか」と無意識のうちに再認しているのです。

# III 「機（き）」の思想

## どこか遠くにあるはずの叡智

「外部に上位文化がある」という信憑は私たちの「学び」を動機づけできています。それはまた私たちの宗教性をかたちづくってもいます。前章で張良の話をしましたけれど、張良と黄石公の沓（くつ）の逸話を描いた彫り物が西本願寺の唐門に掲げてあります。浄土真宗の本山にどうして張良の彫り物があるのか。それはこの逸話が単に技芸の伝承にかかわるだけではなく、宗教性の本質にも触れているからです。

辺境人の宗教性は独特のしかたで構造化されています。辺境人はこんなふうに考えます。私たちの外部、遠方のどこかに卓越した霊的センターがある。そこから「光」が同心円的に広がり、この夷蛮（いばん）の地にまで波及してきている。けれども、その光はまだ十分には私たちを照らしてくれてはいない。

この霊的なコスモロジーは華夷秩序の地政学をそのまま宗教的に書き換えたものです。でも、こういう考え方は宗教的には決して悪いものではありません。宗教性の出発点は何よりもまず「私を絶対的に超越した外部」を構想できる能力と、おのれの無知と未熟を痛感する感受性だからです。

自らを霊的辺境であるとする態度から導かれる最良の美質は宗教的寛容です。異教徒を許容するという宗教的寛容をヨーロッパ世界は無数の屍骸を積み上げた後にしか達成できませんでしたが、日本では宗派間の対立で殺し合いを演じたという事例はほとんど存在しません。私たちの社会では、さまざまな宗教が緩やかに共生しています。排他的な主張をなす信徒集団もなくはありませんし、実際にテロ活動を行った教団もありますが、それはアジアの各地で今も見られるような泥沼の宗教的抗争とは異質のものです。

その反面、辺境的宗教性には固有の難点もあります。それは辺境人がおのれの霊的な未成熟を中心からの空間的隔絶として説明できてしまうせいで、未熟さのうちに安住してしまう傾向です。

私たちは辺境にいる。中心から遠く隔絶している。だから、ここまで叡智が届くには長い距離を踏破する必要がある。私たちはそう考えます。それはいいのです。でも、この辺境の距離感は私たちにあまりに深く血肉化しているせいで、それが今まさにこの場において霊的成熟が果たされねばならないという緊張感を私たちが持つことを妨げている。霊的成熟はどこかの他の土地において、誰か「霊的な先進者」が引き受けるべき仕事であり、私たちはいずれ遠方から到来するであろうその余沢に浴する機会を待っているだけでよい。そういう腰の引け方は無神論者の傲岸(ごうがん)や原理主義者の狂信に比べればはるかに穏当なものでありますけれど、その代償として、鋭く、緊張感のある宗教感覚の発達を阻んでしまう。

辺境人は外部から到来するものに対して本態的に開放性があります。これはよいことです。けれども、よいところは必ず悪いところと対になっている。遠方から到来する「まれびと」を歓待する開放性は今ここにおける霊的成熟の切迫とトレードオフされてしまう。

今、ここがあなたの霊的成熟の現場である。導き手はどこからも来ない。誰もあなたに進むべき道を指示しない。あなたの霊的成熟は誰の手も借りずにあなた自身がなし遂げなければならない。「ここがロドスだ。ここで跳べ」。そういう切迫が辺境人には乏しい。

日本人はどんな技術でも「道」にしてしまうと言われます。柔道、剣道、華道、茶道、香道……なんにでも「道」が付きます。このような社会は日本の他にはあまり存在しません。この「道」の繁昌は実は「切迫していない」という日本人の辺境的宗教性と深いつながりがあると私は思っています。「日暮れて道遠し」「少年老い易く学成り難し」というようなことがのんびり言えるということは、「日が没する前に道を踏破できなくても、別に構わない」、「学成らぬままに死んでも、特段悔いはない」という諦念と裏表です。「道」という概念は実は「成就」という概念とうまく整合しないのです。

私たちはパフォーマンスを上げようとするとき、遠い彼方にわれわれの度量衡では推し量ることのできない卓絶した境位がある、それをめざすという構えをとります。自分の「遅れ」を痛感するときに、私たちはすぐれた仕事をなし、自分が何かを達成したと思い上がるとたちまち不調になる。この特性を勘定に入れて、さまざまな人間的資質の開発プログラムを本邦では「道」として体系化している。

「道」はまことにすぐれたプログラミングではあるのです。けれども、それは（誰も見たことのない）「目的地」を絶対化するあまり、「日暮れて道遠し」という述懐に託されるようなおのれの未熟、未完成を正当化してもいる。これはいくつかの「道」を試みてきた私自身の反省を踏まえた実感でもあります。

「道」は教育方法としてはたしかに卓越した装置です。仮に、私がある宗派なり流派なりの宗祖家元であると名乗ってしまうと、私はあらゆる試みに対して、その場で、わが身を以ておのれの卓越性を証明しなければならない。何か質問されて「よく分かりません」と返事することが許されない。「他流試合」を申し込まれたら逃げ出すわけにゆかない。

## 極楽でも地獄でもよい

けれども道統を継ぐ「弟子」のポジションに立つ限り、この責任を免ぜられます。むずかしい質問を受けても、「分かりません」と答えることが許される。「師なら答えられたでしょうが」と言い添えさえすればいい。「奇跡を起こしてみせろ」と詰め寄られても、胸を張って「できません」と答えることができる。「師はできたのですが」と遠い目をすればよい。

伝承の末端の、もっとも遅れて来たものという立場をとっていれば、自身の卑小や無能は、伝えている当の伝承の価値を少しも毀損することがありません。むしろ、もはや当代の誰も実見することも再現することもできないほどの「失われたもの」の偉大さを迂回的に証明することさえできる。

芸道では「指を見るな、月を見ろ」と言いますけれど、「月」の方位さえ師から正しく教わっていれば、私たちは弟子に同じものを指し示すことができます。私自身の指が長かろうと短かろうと、多少不細工であろうと、方位さえ指し違えなければ、道統の伝承には差し支えない。私の実現できる技芸や私が知っている知識は師に比べればはるかにわずかなものにすぎないという謙抑的な名乗りをしている限り、私たちは自分にできないことと、自分が知らないことでさえ次代に伝えることができる。これが「道」という教育プログラムのきわだって優れた点です。「道」に寄り添っている限り、「ここがロドスだ。ここで跳べ」という切迫に遮られることなく、腰を据えて道統を伝えることができる。

けれども同時に、その利点はそのまま修業の妨げともなります。私が現に学んでいること、私が現に信じていることの真正性を、私自身は、今この場で挙証する責任を免ぜられているからです。道統の真正性、卓越性を挙証する仕事は「師」に遡及されるか、何代かのちの「弟子」に先送りされるか、いずれにせよ今ここにいる私には求められない。「道」的プログラムを採る限り、「今ここで一気におまえが成就したものを提示して見せろ」という切迫をシステマティックに退けることができる。なるほど「道」は教育プログラムとしてはまことにすぐれたものですけれど、「私自身が今ここで」というきびしい条件は巧妙に回避されている。

武道の場合はこのアポリアで多くの武道家が苦しんできました。道を究めようと望むなら「これでいい」という安易な達成感を持つことは許されません。けれども、それは達成感を「持たなくてもよい」ということではない。半端な腕前で「開祖」や「宗家」を名乗るのは危険なことですが、それなりの覚悟がなければそういうことはできません。逆に、長く修業して高い技芸の水準に達しながら「私には人を教える資格はありません」と尻込みしている人には秋霜烈日の気合いがどうしても欠ける。自己陶冶の目的を無限遠点に措定することと、今ここで自分になしうる「最高のもの」を示すことという、矛盾する要求に同時に答えなければならない。このアポリアに、誠実な武道家はみな苦しみます。

同じ問題に日本の過去の宗教者たちもまた直面したのではないかと私は思います。おのれの未熟をカムアウトすることで、今ここにおける霊的成熟という切迫から自らを免ずることを許せば、自己超越の緊張感が緩むことは避けがたい。しかし、その緊張抜きには必要な霊的深度には至りつけない。

中世以来、日本の多くの宗教家はこの辺境人固有の宗教問題に遭遇し、それぞれの工夫を凝らしただろうと私は思っています。凡庸な宗教家であれば、フィジカルに苛酷な修行を課したり、敵対宗派との抗争の緊張感に置き換えたり、「法難」的状況に身を置いたり、という仕方で宗教的緊張感を別種の緊張感で代補するという「方便」に頼ることもできたでしょうが、すぐれた宗教家は「辺境における自己超越の緊張」という難問にまっすぐ取り組まざるを得なかった。

辺境人固有の宗教問題、それはさきほど定式化した通り、霊的なセンターから隔絶しているせいで霊的に未完成であり未成熟であることが説明され、一気に大悟解脱しようと願うことよりも緩やかに成熟の階梯を上ることの方が勧奨されるような土地柄で、今、ここで一気に普遍的な宗教的深度に至ることは可能か、という問いです。「ここはロドスではない。でも、ここで跳べる」というロジックは成立しうるかという問いです。「信」の問題と言い換えてもいい。

親鸞(しんらん)はこの問いを最初につよく意識した宗教家の一人ではないかと思います。私は親鸞のことなんかほとんど知らないのですけれど、親鸞が日本宗教史上にもたらしたのは、この「転換」ではないかという気がします（何となくですけど）。つまり、「霊的に劣位にあり、霊的に遅れているものには、信の主体性を打ち立てるための特権的な回路が開かれている」という辺境固有の仮説を検証しようとしたのではないかと思うのです。

親鸞を論じた文章の中で鈴木大拙(だいせつ)はこう書いています。

「浄土往生は手段で、悟りが目的なのである。そうしてその浄土へ往(ゆ)くことのできるのは、弥陀の他力によるものなので、業(ごう)に囚(とら)えられている身ではそれができぬ。絶対他力で超因果の世界を体認しなければならぬ。『浄土』教と言うので、何もかも浄土で終りを告げるように思うが、そのじつ浄土はそんなところでなく、一時通過すべき仮りの停車場の待合みたいなものである。（……）純粋の他力教では、次の世は極楽でも地獄でもよいのである。親鸞聖人(しょうにん)は『歎異鈔』でそう言っている。これが本当の宗教である。[52]」

大拙が言及している『歎異抄』の箇所は次の部分です。

「念仏して地獄におちたりとも、さらに後悔すべからずさふらふ。そのゆへは、自余の行(ぎょう)をはげみて仏(ぶつ)になるべかりける身が、念仏をまうして地獄にもおちてさふらはゞこそ、すかされたてまつりてといふ後悔もさふらはめ、いづれの行もをよびがたき身なれば、とても地獄は一定すみかぞかし。[53]」

念仏して地獄に堕ちたとしても私は別に後悔しない。ほかの修行をすれば仏になれたものが、法然上人に欺かれて念仏したせいで地獄に堕ちたというなら『騙された』という言い分もあろうが、どのような行をしようと仏になれぬ身にとっては地獄も終の棲家である。

親鸞はここで修行の「目的地」という概念そのものを否定しています。行の目的地というのはいずれにせよ現在の自分の信仰の境位においては、名づけることも類別することもできぬものである。だから、それが「どこか」を知ることはできないし、私が間違いなく「そこ」に向かっているのかどうかを訊ねれば教えてくれる人もいない。だから、目的地について論じることは無意味である。行の目的地からの遠近によって「ここ」の意味が決まるのではない。「ここ」は「ここ」である。信仰者にとって、すべては「ここ」で生起し、「ここ」で終わる。「ここ」の意味を「ここ」以外の、「ここ」より相対的に上位の、相対的に超越的な「外部」とのかかわりで論じてはならない。

たぶん、そういう理解でよろしいのではないかと思います。大拙はこう説明を続けます。

「此の土の延長である浄土往生は、あってもよし、なくてもよい。光りの中に包まれているという自覚があれば、それで足りるのである。（……）此の世が苦しいから彼の土へ往きたいというは、真宗の本義ではない。[54]」

此の世が苦しいから彼の土へ行きたい、そこには楽土があるからというような合理的説明が成り立つようなら、それは真の信仰ではない。何も約束されないにもかかわらず、かつ目的地がないにもかかわらず、歩みは踏み出されなければならない。この踏み出しのことを大拙は「飛びこみ」と呼びます。

「この『飛びこみ』の体験を『横超（おうちょう）』とも『飛躍』とも、『直入（じきにゅう）』ともいう。そのほか、いろいろの名がある。つまり崖の上に立って、底も知れぬ谷の中に飛びこむことなのである。無限に虚なるものを見て躊躇（ちゅうちょ）することなく、その真只中（まっただなか）に飛びこむことである。これを知的に表現すると、『悟り』ということになる。いわゆる禅者の『見性（けんしょう）』である。東洋の人はこの悟りの経験なるもののあることを、実際自分で経験しなくとも、聞き伝えなどで、知っている。これが強みである。西洋には、この悟りに相応するいい言葉が見当たらぬ[55]。」

## 「機」と「辺境人の時間」

「飛びこむ」というのは、とりあえずは「我を棄てる」ということです。「我を棄てる」というと言葉は簡単ですが、たいへんにむずかしい。例えば「私は霊的に未熟であるから、信じる」という命題はパセティックではありますけれど、論理的には無意味です。「私は霊的に未熟であるから」という自己規定が既に「我」を固くこわばらせているからです。「私は……な人間である、だから」という論理形式を採る限り、「飛びこむ」ということは不可能です。

辺境人の最大の弱点は「私は辺境人であるがゆえに未熟であり、無知であり、それゆえ正しく導かれなければならない」という論理形式を手放せない点にあります。まさにこの論理形式が「学び」を起動させ、師弟関係を成立させ、「道」的なプログラムの成功をもたらしたわけですが、「小成は大成を妨げる」という言葉のとおり、この成功体験が逆に、辺境人にとって絶対的な信の成立を妨げてもいる。その成功体験の妨害を解除しなければならない。

必要なのは、「私は辺境人である」という自己規定のかたくなさを解除して、「外部を希求する志」だけを取り出すことです。空中に浮かぶチェシャ猫の笑いのように、「外部を希求する主体」から「志向」そのものだけを切り出す。そのためには、主体を空間的・時間的にマッピングしている遠近・先後というカテゴリーそのものをどこかで切り捨てなければならない。たいへんな仕事です。

この困難な課題に立ち向かうために、宗教者たちはさまざまな概念を駆使しました。例えば、「機」という概念がそれです。これは武道においても鍵となる概念ですから、私にとっては比較的なじみのあるものです。とりあえず「機」という概念を手がかりにして、「時間意識の再編」という哲学的課題に宗教者たちがどう答えたかについて考えてみたいと思います。幸いなことに、機について語るところで大拙も剣の話を喩えに引いています。

「剣を把って立ち合うというのは命のとりやりになるのだから、一刻も自分を忘れなどしたら、命丸出しになる話でなければならぬ。危険千万な心がけである。ところが実際の上では、自分のことを考えていると、そこにそれだけの隙が出てくる。ちょっとの隙でも隙が出れば、そこに相手の剣を招くことになる。それで命を落とせば事実は自殺したのである。剣刀上の試合は電光石火で、『私』を容れる余裕がない。ところが、命の取り合いという際どい間際に自分をどうして忘れうるか。ここに人間心理の極微が窺われるのである。[56]」

自分のことを考えていると、そこに隙が出る。これはあらゆる武道の伝書に書かれています。「隙」というのは「そこに相手の剣を招く」ような無防備な侵入経路を意味すると同時に、侵入を可能にするタイムラグのことも指します。自分のことを考えると隙ができる。隙ができて斬られたら、それは「自殺」である。

では、どうすれば死なずに済むのか。大拙は「電光石火」と言います。自分のことを勘定に入れないで動け、と。自分のことを勘定に入れないで動くとはどういうことでしょう。

大拙は澤庵禅師が柳生宗矩に寄せた『不動智神妙録』を踏まえてこの語を使っています。澤庵はこれを「石火之機」と言っています。

「貴殿の兵法にて申し候はゞ、向ふより切太刀を一目見て、其儘にそこにて合はんと思へは、向ふの太刀に其儘に心か止りて、手前の働か抜け候て、向ふの人にきられ候。是れを止ると申し候。(……)向ふから打つとも、吾から討つとも、打つ人にも打つ太刀にも、程にも拍子にも、卒度も心を止めれば、手前の働は皆抜け候て、人にきられ可申レ候[57]。」

対象に心を止めること、それを澤庵は「住地（じゅうち）」と呼びます。これに対して完全な自由を成就した状態が「石火之機」と呼ばれます。対象に居着き、それに繋（けい）縛（ばく）され、心身の自由を失った状態、それが住地です。

「石火之機と申す事の候。（……）石をハタと打つや否や、光が出で、打つと其（その）まゝ出る火なれば、間も透間（すきま）もなき事にて候。是も心の止るべき間のなき事を申し候。（……）たとへば右衛門とよびかくると、あつと答ふるを、不動智と申し候。右衛門と呼びかけられて、何の用にてか有る可（べ）きなどゝ思案して、跡（あと）に何の用か抔（など）いふ心は、住地煩悩にて候[58]。」

「石火之機」とは「間髪を容れず」ということです。

「間髪」というのは、情報の入力があって、変換装置で解釈し、適切な対応を出力するという継時的な過程のことです。しかし、武道では、入力―出力がリニアに継起することを「先（せん）をとられる」と解して嫌います。

相手が攻撃してくる。その攻撃をどう予測するか、どう避けるか、どう反撃するか。そういう問いの形式で考えることそれ自体が武道的には「先を取られる」と解します。

「相手がこう来たら」という初期条件の設定がすでに「後手に回っている」からです。

武道的な働きにおいては、入力と出力との間に隙があってはいけない。隙がないというのは、ほんとうは「侵入経路がない」とか「侵入を許すだけの時間がない」ということではなくて、そこに自他の対立関係がない、敵がいないということです。間違って理解している人が多いのですが、武道の目的は「敵に勝つこと」ではありません。「敵を作らないこと」です。

## 武道的な「天下無敵」の意味

「天下無敵」という言葉がありますが、この言葉を「天下の敵という敵をみんな斃してしまったので敵がいない状態」だと解している人が多いようです（というか、ほとんどの人はそう解しています）。でも、よく考えればわかりますけれど、そんなことはありえない。「敵」を広義において私たちの心身の機能を低下させ、生きる力を損なうすべてのものことと解するならば、すべての敵を斃すということは不可能だからです。

風邪を引いて高熱が出ても、親しい友に裏切られても、雷撃に打たれても、私たちの心身の機能は低下します。ですから、世界的なアスリートの中には、ツアーにトレーナーや栄養士だけでなく、弁護士や広報担当者や心理カウンセラーまで連れて歩いている人たちがいます。それは彼らが契約上のトラブルやメディアとのいさかいや心理的ストレスがアリーナにおけるパフォーマンスを致命的に損なう可能性があることを知っているからです。それらのトラブルは彼らにとってはアリーナの中のライバル以上の「敵」です。ですから、彼らは「敵」のリストをできるだけ網羅的なものにしようとします。リストが網羅的なものになればなるほど高い質のパフォーマンスを安定的に行えると考えるからです。けれども、それは空しい努力であることがいずれわかります。というのは、遠からずそのリストには「抜け毛」とか「睡眠不足」とか「嫉妬心」とか「幼児性」のようなものまでが記載されることになるからです。たしかにそのようなファクターは高い確率でパフォーマンスを低下させる。でも、そこまで行ったら、生きていることが絶えざる加齢と老化である以上、私が生きていることそのものが私の敵である、私の敵は私であるという逆説的な結論まではあと一歩しか残されません。

「敵」という概念は根源的な矛盾を含んでいます。敵を除去すべく網羅的なリストを作成すると、世界は自分自身を含めてすべてが敵であるという結論に私たちは導かれます。

　ですから、武道的な意味での「天下無敵」は、それとは逆にどうやって「敵」を作らないかを工夫することになります。

私の敵は私である。私に仇をなすのは私である。私を滅ぼすのは私である。どの伝書にもそう書いてあります。「私の敵は私」という文が論理的に成立するためには、最初の「私」は人称代名詞、第二の「私」は特殊な含意を持った普通名詞と考えなければなりません。

無傷の、完璧な状態にある私を「標準的な私」と措定し、私がそうではないこと（つまり「今あるような私」であること）を「敵による否定的な干渉」の結果として説明するような因果形式、それが「敵」を作り出すロジックです。「敵」はこのロジックから生み出される。「敵」とは実体ではなく、「原因」で「結果」を説明しようとするこのロジックそのもののことである、と言ってもよいかと思います。

私が現在このような状態（歯が痛かったり、腹回りがだぶついてきたり、血圧が上がったりしている状態）にあることを「かくあるべき状態からの逸脱」ととらえず、「まあ『こんなもの』でしょう」と涼しく受け容れる。それもまた「敵を作らない」マインドの一つのかたちです。老いや病や痛みを「私」の外部にあって「私」を攻撃するものととらえず、「私」の一部であり、つねに「私」とともに生きるものと考える。純粋状態の、ベスト・コンディションの「私」がもともと存在していて、それが「敵」の侵入や関与や妨害によって機能不全に陥っている。それゆえ、敵を特定し、排除しさえすれば原初の清浄と健全さが回復される。そう考える人の世界は「敵」で満たされます。そういう人にとっては、やがてすれ違う人も、触れるものも、吸う空気も、食べるものも、すべてが潜在的な「敵」になる。「敵」の介入のせいで、「私」の可動域が制限され、活動の選択肢が限定された状態として「私」の現状を説明する人は、つねに「敵」に囲まれています。そして、そのとき「私」にとっての理想状態とは、この世界に「私」以外に誰もいないこと。絶対的孤独のうちに引きこもることを意味することになる。

相手が斬りつけてくるので、それを避けなければいけないという条件を仮に想定します。選択できる動線は限定されます。このときに「自分には無限の選択肢があったのだが、攻撃の入力があったせいで、選択肢が限定された」というふうに考えるのが「敵を作る」ことです。それに対して、「無限の選択肢」などというものは仮想的なものにすぎず、とりあえず目の前にある限定された選択肢、制約された可動域こそが現実のすべてであり、それと折り合ってゆく以外に生きる道はないと考えるのが「敵を作らない」ことです。そう思うことで、時間意識が変成する。

「敵を作らない」ということを今は「可動域」とか「動線の選択」という空間的な用語法で説明しましたけれど、「敵を作らない」ことのもっとも重要な目標は実は時間意識の変成なのです。

## 敵を作らない「私」とは

「敵を作る」心は自分の置かれた状況を「入力／出力系」として理解しています。「ベスト・コンディションの私」がまずいる。そこに「敵」がやってきて（対戦相手でも、インフルエンザ・ウィルスでも）、私が変調させられる。「敵」入力を排除して、「私」の原状を回復すれば「勝ち」（できなければ「負け」）という継時的な変化として出来事の全体はとらえられている。

このプロセスのことを澤庵は「住地煩悩」と呼びました。「右衛門と呼びかけられて、何の用にてか有る可きなど〻思案して、跡に何の用か抔いふ」プロセスでは、「右衛門」と呼びかける他者からの「入力」がまずあり、それに対して「何の用か」と問い返すという主体からの「出力」がある。この「入力と出力のタイムラグ」、「主体と他者の二項関係」それ自体が住地煩悩である。澤庵はそう言います。そういう継時的な変化の中に身を置いてはいけない。では、どうすればいいのか。

「右衛門とよびかくると、あつと答ふる」。間髪を入れずに答える。入力と出力のタイムラグをゼロにしろ。それが澤庵の答えです。

楽器の演奏を考えていただくとわかりやすいかも知れません。楽器奏者で交響楽を演奏しているとします。そのとき、他の楽器の音を聴いてからそれに応じていれば、必ず遅れる。聴覚情報の入力があってから反応したのでは、どれほどすばやく運動を出力してもハーモニーは生成しません。では、実際に演奏者たちはどうやっているのかと言いますと、同時に演奏しているのです。自身の身体的な限界を超えて、自分からはみ出して、他の楽器奏者と融合して、一体化している。オーケストラの全員で構成される「多細胞生物」があり、それが演奏をしている。奏者ひとりひとりはその多細胞生物の個々の細胞である。細胞と細胞の間ではたしかに「やりとり」がなされているのだけれど、もともとそれらはひとつの生物の部分であり、母体は共有されている。そして、メンバー全員を含み込んだ共身体が演奏の主体である。そういうふうに考える。

「石火之機」とはそういうことです。「間髪を容れず」に反応できるというのは、実は反応していないからです。自分の前にいる人と一つに融け合い、一つの共身体を形成している。その共身体に分属している個々の身体の動きについては、もはや入力と出力、刺激と反応という継起的な分節は成り立たない。理屈ではそういうことになります。

そのときに「敵を作らない」ということと「隙を作らない」ということは同義になります。「万有は共生している」というのは道徳的な訓言ではなく、心と身体の使い方についての技術的な指示、とくに時間意識の持ち方についての指示なのです。

右手と左手を打ち合わせて拍手するとき、共身体から枝分かれしている限り、右手の時間意識と左手の時間意識が「ずれる」ということはありえない。そこにはまったく同じ律動で時間が流れているからです。これが「石火之機」、「間髪を容れず」ということです。

哲学的な他者論の枠組みで言っても、話は同じです。主体と他者が本質的な意味で「出会う」ためには、主体概念そのものを書き換えなければならない。

「他者」というのは定義上「私」の理解も共感も絶した、いかなる度量衡も共有しないものです。それをどう歓待するか、どうやってそのメッセージを聴き取るか、どうやって支援し救済するか……そういう主体の側の能力や努力に焦点化して「他者問題」を考えている限り、永遠に他者との「出会い」は生成しません。というのは、そのような枠組みの中で「他者」と出会うことに成功した「主体」は、結果的には「いかなる外部も包摂しうる並外れた消化力をもつ胃袋」のようなものにならざるを得ないからです。その哲学的な「胃袋」は全世界をばりばり嚙み砕き、咀嚼（そしゃく）し、嚥下（えんげ）し、自分の栄養にしてしまうか、口に合わないものを「ぺっ」と吐き出すか、そのどちらかしかできません。そのような原生動物的なシンプルな生命活動を「他者との出会い」と呼ぶことはできません。

他者と出会うためには、「私」という概念そのものを書き換えなければならない。「右衛門」と呼びかけられたら、間髪を入れず「あっ」と応えるような主体に書き換えなければならない。呼びかけられて、「さて、この人は私に何の用があるのか」と考えてはいけない。「私はこの人のために何をしてあげることができるのか」、「私はこの人にどれほどの負債を負っているのか」というような思量をなしてもいけない。呼びかけられたら即答する。

即答できるのは、呼びかけられたらすぐに返答できるように、つねづね怠りなく準備しているからではありません。どれほど入念な準備をして「即答」体制を構築していても、呼びかけの入力がまずあり、それが返答を起動させるという順序でことが継起する限り、それは即答ではない。継起的にことが生起する限り、即答はできない。論理的に言えば、即答するためには「即答すべく準備している主体」というものがあってはならない。けれども、「即答」というのは現実の、具体的な行為なわけですから、主体によってしか担われ得ない。では、「私」ではないとしたら、その行為は誰が担うのか。

## 肌理(きめ)細かく身体を使う

主体の概念規定を変えるしかない。それが答えです。「右衛門」という入力信号を待っている主体、即答すべく備えている主体、そういうものを想定してはいけない。そうではなくて、呼びかけの入力があったまさにその瞬間に生成したものとして主体を定義し直す。あたかも「右衛門」という呼びかけが最後のピースであり、それが「かちり」と嵌(はま)った瞬間に、それまで存在しなかった新たな生命体がそこに生気を吹き込まれて出現したかのように。

禅家ではこれを「啐啄之機(そったくのき)」とも言います。卵から雛(ひな)が孵(かえ)るとき、母鳥が卵の殻(から)を外からつつき、雛鳥は同じ殻を内からつつく。そのふたつがぴたりと一致したとき、雛が孵る。問題になっているのは、ここでも時間と主体です。

「殻が割れるのを待っている雛鳥」というようなものは実体的には存在しません。雛鳥は殻が割れたことによってはじめて「そこに孵化を待望していた雛鳥がいた」という言い方で遡及的に認知される生物だからです。卵が割れなければ、雛鳥はいない。事情は母鳥についても同じです。母鳥は「子を持った」という事実ゆえに「母」となるのであり、雛鳥が出現しない限り、母鳥も存在しない。つまり、「啐啄之機」においては、実は「母鳥が殻を外からつつき、雛鳥は内からつつき」という言い方自体が論理的には間違っていたということです。母鳥も雛鳥も、卵が割れたことによって、その瞬間に母としてまた子として形成されたのですから。卵が割れる以前には母鳥も雛鳥も存在しない。そう考える。

石火之機においても、啐啄之機においても、「外部からの呼びかけを受信する主体」というものは出来事の以前には想定されていません。「右衛門」という呼びかけが聞こえ始めたときに、右衛門の主体はまだ存在しておらず、「あつ」と答え終えたときに主体はすでに存在している。「石火之機」を生成の場とするものだけが「石火之機」の時間を生きることができる。

その言葉を聴き取ることのできる主体は、その言葉の到来によって賦活される。命令の到来以前にはまだ主体としては存在しておらず、命令を果たそうと身を起こしたときにはすでに主体として存在している。「右衛門」と呼ばれたその刹那(せつな)に右衛門という主体は生成する。まさにその呼びかけに「あつ」と即答するものとして生成する。そのような呼びかけを先駆的に待望していたものとして、その呼びかけが「最後のピース」であり、それが嵌入(かんにゅう)したことで、起動するものとして、生成する。

頭上に白刃(はくじん)がきらめき、それが斬り下ろされてくる。それが「最後のピース」になって、「白刃の下にいて今まさに斬られようとしている主体」が生成する。この生まれたばかりの主体は「生まれてからずっと白刃の下」にいる。「白刃の下」にいることが彼にとっての全人生である。

そのような主体にとっての時間の流れは不思議なしかたでたわむことになります。彼の主観から見ると、斬り下ろしてくる剣の動きは少しも「速い」ものとは感じられない。なぜなら「速い」というのは「遅い」ものとの相対的な比較の中でしか成立しない特性だからです。でも、この「白刃の下で生まれた主体」は剣の遅速を比較考量すべき経験を持っていません。

時間の長さの感覚は、生物がそれまで過ごしてきた時間の総量を分母として考量されます。五歳の子どもにとっては一年は人生の二十％の時間です。五十歳の大人にとっては二％に過ぎません。だから、子どもにとって主観的時間はゆっくり流れます。一日がひどく長い。自然現象もゆっくり推移する。子どもたちは雲の流れや、海の波や、蟻の群れや、野草の花弁をじっと見つめていることがあります。あれは対象が意識野一杯に広がってしまっているのです。大人たちがちらりと一瞥(いちべつ)して、そのまま記号的に処理して済ませてしまえる現象が子どもたちにとっては長い物語として経験されている。

同じ原理が「生成されたばかりの主体」においても適用されると考える。「『右衛門』と呼ばれたことによって生成した主体」にとって、呼ばれてからあとの時間が全人生です。彼にとっての一秒は、「『右衛門』と呼ばれる前からずっと生きていた主体」にとっての一秒とは長さが違う。生成したばかりの主体にとっての一秒は、長い人生において一貫したアイデンティティを持ちこたえてきた主体の一年に相当するかも知れない。ですから、そのような主体の眼には、今まさに頭上に斬り下ろされんとしている白刃は上る朝日のようにゆっくりと運動しているように見える（理屈ではそうなるはずです）。

むろん、なかなか理屈通りにはゆかないでしょう。けれども、私たちが時間意識を変成しようとすると、いちばん正統的なのは、このように時間を細かく割ることで、主観的な時間の流れをコントロールすることです。

これもこれまでに何度も引用した話ですが、「首斬り朝右衛門」として知られる八代山田朝右衛門吉亮は、明治になって斬首刑がなくなるまでその任にあり、生涯に三百余人の首を斬った人です。その朝右衛門が晩年に述懐して、首斬りの極意についてこう語っています。

「コレは今まで誰にも口外しませんでしたが、この時涅槃経の四句を心の中で誦むのです。第一柄に手をかけ、右手の人差指を下す時『諸行無常』中指を下す時『是生滅法』無名指を下す時『生滅滅已』小指を下すが早いか『寂滅為楽』という途端に首が落ちるんです。」[59]

朝右衛門はコンマ数秒で終了する太刀の切り下ろしをまず指の四工程に割り、その各工程をまた経文の四文字に割り当て、全体を十六のセグメントに割っているのです。これはつまり、百分の一秒レベルで身体操作を微調整できているということです。「ちょっと『常』のところが伸び気味だから、『是』を気持ち早めに」というようなコントロールができるということです。それだけ細かく身体が割れていないと時間は操作できない。ですから「石火之機」というのは別に抽象的な議論ではなくて、技術的には「肌理の細かい身体操作」の追究というかたちでプログラム化できるということです。

## 「ありもの」の「使い回し」

ここまで武道と禅家における「機」の概念について説明をしてきましたが、これはもちろん自分の趣味について冗舌を弄していたわけではなく、辺境人の宗教的アポリアを解く道筋を示したかったためです。

私たちが引っかかっていた問題をもう一度確認します。辺境人は「遅れてゲームに参加した」という歴史的なハンディを逆手にとって、「遅れている」という自覚を持つことは「道」を究める上でも、師に仕える上でも、宗教的成熟を果たすためにも「善いこと」なのであるという独特のローカル・ルールを採用しました。これは辺境人の生存戦略としてはきわめて効果的なソリューションですし、現にそこから十分なベネフィットを私たちは引き出してきました。

問題は「その手」が使えない局面があるということです。私たちは辺境人ですから、私たちにとっての問題はつねに「呼ばれたらどう応答するか」という文型でのみ主題化されています。まさに澤庵が書いたとおり、「右衛門」と呼ばれて「あつ」と答えるときにはどうすればいいかという設問しかなされない。私たちはつねに「呼びかけられるもの」として世界に出現し、「呼びかけるもの」として、「場を主宰する主体」として、私は何をするのかという問いが意識に前景化することは決してありません。すでになされた事実にどう対応するか、それだけが問題であって、自分が事実を創出する側に立って考えるということができない。この問いそのものがきわだって辺境的であるということに私たちは気づきません。でも、そうなんです。欧米の人は（ユダヤ人を例外として）こんなふうに時間の問題を考えたりしない。武道と禅家が思いついたのは、つねに「起源に遅れる」という宿命を負わされたものが、それにもかかわらず「今ここで一気に」必要な霊的深度に達するためには、主体概念を改鋳(かいちゅう)し、それによって時間をたわめてみせるという大技を繰り出すしかないというソリューションでした。それが「機」という、西洋の哲学用語にはおそらく翻訳不能の特異な時間概念です。「機」は私たちに課せられたローカルな宿題に答えるために案出されたものだった。私はそう考えています。

「機」というのは時間の先後、遅速という二項図式そのものを揚棄(ようき)する時間のとらえ方です。どちらが先手でどちらが後手か、どちらが能動者でどちらが受動者か、どちらが創造者でどちらが祖述者か、そういったすべての二項対立を「機」は消去してしまう。後即先、受動即能動、祖述即創造。この「学ぶが遅れない」「受け容れるが後手に回らない」というアクロバシーによって、辺境人のアポリアは形式的には解決されました（繰り返し言いますけれど、「理屈では」です）。

この「A即B」のスキームを採用することから利益を引き出すことができるのは辺境人だけです。つねに場を主宰し、つねに先手をとり、つねに主体であることを望む人たち（「中華人」たち）は「機」の思想とはついに無縁です。彼らにはそのような思想を発達させなければならない理由がないからです。

なぜ武道が日本において選択的に発達したのか。なぜ中国大陸や朝鮮半島やインドシナ半島では、「敵より速く強く動く」ための身体技術の開発にリソースが集中し、「主体を立てない、敵を作らない、遅速先後を論じない、強弱勝敗を語らない」といったタイプの思想に人々が関心を示さなかったのか。なぜ禅宗のような難解な宗教と武士道が親和したのか。これらの問いに答えようとすれば、「機」の思想が辺境において選択的に深化した可能性を吟味しなければなりません。

「機」の思想を持ったことによって私たちは「飛びこむ」ことが可能になりました。

「清水の舞台から飛び降りる」ような冒険的な決断をすることができるようになった。何度も言うように、清水の舞台から飛び降りれば、ふつうは骨を折って大怪我をするか、うちどころが悪ければ死んでしまう。それでもなお「飛びこむ」ことができるとしたら、それは舞台から飛び降りるときに、どこに飛び降りれば怪我をしないで済むかを先駆的に知っているからという以外にありえない。「機の思想」はそのコロラリーとして「先駆的な知」を要求します。「啐啄之機」では母鳥と雛鳥は過たず同じポイントをつついていなければならない。ばらばらのところをつついていたのでは卵の殻は割れませんから。「石火之機」でも二つの火打ち石が空中の同じポイントで出会わない限り火花は散りません。

「機の思想」が当然すぎて言い落としているのは、私たちはどこで出会うのか、どこが「機」の現象が生成する当の場なのかを、あらかじめ知っているということです。私はそれを「先駆的に知っていること」というふうに術語化してみたいと思います。それはどのような能力なのか。

日本人は「鰯の頭」であっても信心することができる。この開放性はほとんど国民的能力と呼ぶことができます。けれども、考えればわかりますが、ほんとうに「鰯の頭」

を拝んだ場合には、いろいろと差し障りがあります。拝んでいるうちに腐臭が発したり、虫が涌いたり（だいたい審美的にも問題があります）。そのリスクを回避するためには、「鰯の頭」であっても信心しうるほどの開放性を持ちこたえながら、それと同時にそれが無価値な「鰯の頭」である場合には、それを先駆的に知って、さりげなく回避する能力が必要になります。「拝むことのできるもの」と「拝むことのできないもの」を先駆的に識別できる能力が備わっていてはじめて「外部」への広々とした開放性が担保される。

ここに、すぐに人について行ってしまう子どもがいるとします。ところが、簡単に人についてゆくわりには、いろいろ見聞を広めるだけで特段危ない目に遭うこともなく、夕方になるとちゃんと家に戻ってくる。どうしてそういうことが可能なのかというと、それはこの子どもが「ついていっていい人」と「ついていってはいけない人」を先駆的に識別できているからです。この子どもにとっては、「ついていってはいけない人」はそもそも「人」として認識されていない。

「何でも食べられる人」がいるとします。これも栄養物が少ない環境を生き延びる上ではきわめて有利な能力です。けれども、もちろん「何でも食べられる」はずがない。私たちの周りには食べられないもの、毒性のあるものがいくらもあるからです。その条件でなお「何でも食べられる人」がいるとしたら、それはその人が「食べられるもの」と「食べられないもの」を先駆的に識別できているからです。

「どこでも寝られる人」もそうです。どこでも寝られる能力はストレスフルな環境を生き延びる上できわめて有利な資質ですけれど、もちろんどこでも寝ることは現実には不可能です。私たちの周りはうっかり眠り込むことのできない種類の危険に満ち満ちていますから。それでも「私はどこでも寝られる」と公言している人がいたら、それはその人が「寝てもいい場所」と「寝てはいけない場所」を先駆的に識別できているからです。

そういうものなのです。私たちがある種の能力を発揮できるのは、その能力が発揮できるようにする予備的能力を有しているからです。その能力を発揮してもよい場所と時間を言い当てることができる能力が備わっているからです。能力は二段構えに構造化されている。

私たち辺境人にとって、外来の制度文物は貴重な資源です。一粒も無駄にすることが許されない。それゆえ、最大限の開放性を以て外来の知見を受け容れなければならない。けれども、外来のもののうちには、受け容れがたいもの、受け容れることによって私たちが損なわれるものが含まれています。それを無意識的に回避する能力にサポートされていなければ、無防備なほどの開放性は確保できない。

資源が豊かな環境であれば、そのような予備的な能力は必ずしも要求されないでしょう。目の前にあるものを気分次第で取る。不要だと思えば捨てる。捨てたものが有用であることに後から気づけば、また次の機会に拾う。「その有用性がわからないもの」について、別に過剰に開放的になってみせる必要もない。資源が豊かであるというのはそういうことです。そして、私たちはそうではない。文化資源は中華文明圏から取り入れなければならないということが辺境の条件であった。ですから「その有用性がわからないもの」について、その有用性や意義を先駆的に知る能力を開発することが私たちにとっての民族的急務だった。

私は別にそれほど奇妙な話をしているわけではありません。資源の貧しい環境を生き延びるために人間が「その有用性や意味が現時点ではわからないもの」の有用性や意味を先駆的に知る能力を発達させるのは類的にはごく合理的なふるまいだからです。

このような能力を選択的に開発する人のことをクロード・レヴィ＝ストロースは「ブリコルール」(bricoleur) と呼びました。「ありあわせのもの」しかない、限定された資源のうちで生活している野生の人々を指してこの言葉を使ったのです。「ブリコルール」とは辞書的には「便利屋」のことです。そこらにあるありあわせの道具とありあわせの材料で器用に棚を作ったり犬小屋を造ったりする人のことをフランス語でそう呼びます。

「野生の人」は本質的にブリコルールです。彼らの世界は資源的には閉じられています。「ありもの」しか使えない。通販で取り寄せたり、コンビニで買い足したりすることができない。それゆえ、ブリコルールたちは「道具」の汎用性、それが蔵している潜在可能性につよい関心を示します。

レヴィ＝ストロースは彼が『悲しき熱帯』でフィールドワークをしたマト・グロッソのインディオ裸族たちのことを念頭にこう書いています。

「彼の道具的世界は閉じられている。そして、ゲームの規則は『手持ちの手段』でなんとかやりくりするということである。すなわち、ある限定された時点で手元にある道具と資材だけで、ということである。加えてこれらはまったく雑多なものである。というのは、これらの道具と資材はいずれもその時点での企図とは無関係に集められたものだからである。というより、そもそもいかなる特定の企図とも無縁なのである。それらはストックを更新したり、増やしたり、あるいは何かを作ったり壊したりしたときの残滓(ざんし)

でストックを補充したりする機会があるごとに無計画に収集された結果である。ブリコルールの持ち物は何らかの計画によって定められたものではない。（……）それは道具性に基づいて定められるのである。ブリコルールたちの口ぶりを真似て言えば、彼らの道具や資材は『こんなものでも何かの役に立つことがあるかもしれない』（Ça peut toujours servir）という原理に基づいて収集され保存されているのである。[60]」

『野生の思考』という二十世紀の知的パラダイムを一変させた主著の冒頭でレヴィ＝ストロースは「ブリコルール」について書きました。ヨーロッパの「文明人」たちとは別の種類の知、「野生の思考」によって思考する「未開人」たちがいる。彼らの知はどのように効率的に機能しており、それが彼らの人間的世界の秩序と尊厳をかたちづくっているか。レヴィ＝ストロースはそれを知らしめることで、自民族中心主義のうちにまどろんでいたヨーロッパ知識人に冷水を浴びせました。諸君が唯一の人間的知と思っているものとは別の仕方で機能している知が存在する。「人間の生が持ちうるすべての意味と尊厳」を自分たちの集団だけが独占しており、他の集団はそれを欠いていると考えることはあまりに傲慢である。「人間性はその歴史的・地理的な諸様態のうちのただ一つにすべて含まれていると信じることができるためにはよほどの自民族中心主義と無思慮が必要である。[61]」

レヴィ＝ストロースはそう書きました。

野生の人々には固有の知があります。それはあらかじめ立てられた計画に基づいて必要な道具や素材をてきぱきと集める能力ではありません。「ありもの」の「使い回し」だけで未来の需要に備える能力です。

ジャングルを歩いていると目の前にさまざまなモノが出現してきます。それは植物であったり、動物であったり、無機物であったり、有機物であったり、人工のモノであったり、自然物であったりします。その中のあるものを前にしたときに「ブリコルール」は立ち止まります。そして、「こんなものでもいつか何かの役に立つかもしれない」と言って、背中の合切袋に放り込む。

なぜ「いつか何かの役に立つかもしれない」ということがわかるのか。ジャングルの中に、彼の視野の範囲には「その用途や実用性がわからないもの」がそれこそ無数にあったはずです。どうして、「その用途や意義が知れぬ」無数のもののうちで、とりわけ「それ」が彼の関心を惹きつけたのでしょうか。

先駆的にその有用性を知っていたという言い方でしかこの行動は説明がつきません。

そして、実際に彼は「いつか何かの役に立つかもしれない」と思って拾っておいたものについて、あとになって「ああ、これを取っておいてよかった」と嘆息したという経験を繰り返してきた。そういう反復を通じてしか、そのような能力は強化されませんから。

人間には「どうしてよいかわからないときに、どうしてよいかわかる」能力が潜在的に備わっています。その能力は資源が潤沢で安全な環境では発達しない。「どうしていいかわからない」ときにでも、「どうすればいいか」を訊きに行く人がいたり、必要なものを買い足しに行けるなら、先駆的に知る必要はない。けれども、資源が乏しい環境や、失敗したときに「リセット」することが許されないタイトな環境においては、「どうしていいかわからないときにも適切にふるまう」ことが生き延びるために必須のものになる。

## 「学ぶ力」の劣化

「学び」という営みは、それを学ぶことの意味や実用性についてまだ知らない状態で、それにもかかわらず、これを学ぶことがいずれ生き延びる上で死活的に重要な役割を果たすことがあるだろうと先駆的に確信することから始まります。「学び」はそこからしか始まりません。私たちはこれから学ぶことの意味や有用性を、学び始める時点では言い表すことができない。それを言い表す語彙や価値観をまだ知らない。その「まだ知らない」ということがそれを学ばなければならない当の理由なのです。そういうふうな順逆の狂った仕方で「学び」は構造化されています。

「学ぶ力」というのは、あるいは「学ぶ意欲（インセンティヴ）」というのは、「これを勉強すると、こういう『いいこと』がある」という報酬の約束によってかたちづくられるものではありません。その点で、私たちの国の教育行政官や教育論者のほとんどは深刻な勘違いを犯しています。子どもたちに、「学ぶと得られるいいこと」を、学びに先立って一覧的に開示することで学びへのインセンティヴが高まるだろうと彼らの多くは考えていますが、人間というのはそんな単純なものではありません。「学ぶ力」「学びを発動させる力」はそのような数値的・外形的なベネフィットに反応するものではありません。

「学ぶ力」とは「先駆的に知る力」のことです。自分にとってそれが死活的に重要であることをいかなる論拠によっても証明できないにもかかわらず確信できる力のことです。

ですから、もし「いいこと」の一覧表を示されなければ学ぶ気が起こらない、報酬の確証が与えられなければ学ぶ気が起こらないという子どもがいたら、その子どもにおいてはこの「先駆的に知る力」は衰微しているということになります。私たちの時代に至って、日本人の「学ぶ力」（それが「学力」ということの本義ですが）が劣化し続けているのは、「先駆的に知る力」を開発することの重要性を私たちが久しく閑却したからです。

今の子どもたちは「値札の貼られているものだけを注視し、値札が貼られていないものは無視する」ように教えられています。その上で、自分の手持ちの「貨幣」で買えるもっとも「値の高いもの」を探しだすように命じられている。幼児期からそのような「賢い買い物」のための訓練を施された子どもたちの中では、「先駆的に知る力」はおそらく萌芽状態のうちに摘まれてしまうでしょう。「値札がついていないものは商品ではない」と教えられてきた子どもたちが「今はその意味や有用性が表示されていないものの意味や有用性を先駆的に知る力」を発達させられるはずがない。

けれども、この力は資源の乏しい環境の中で（ということは、人類が経験してきた全歴史のほとんどにおいて）生き延びるために不可欠の能力だったのです。この能力を私たち列島住民もまた必須の資質として選択的に開発してきました。狭隘で資源に乏しいこの極東の島国が大国強国に伍して生き延びるためには、「学ぶ」力を最大化する以外になかった。「学ぶ」力こそは日本の最大の国力でした。ほとんどそれだけが私たちの国を支えてきた。ですから、「学ぶ」力を失った日本人には未来がないと私は思います。現代日本の国民的危機は「学ぶ」力の喪失、つまり辺境の伝統の喪失なのだと私は考えています。

## わからないけれど、わかる

「その意味を一義的に理解することを許さぬままに切迫してくるもの」について、「理解したい。理解しなければならない」ということが先駆的に確信されることが「学ぶ」という営みの本質をなしている。その前提については洋の東西で違いはありません。ただ、それを記述するときの筆致にはずいぶん違いがあるように思われます。

西欧哲学の枠組みの中では、「先駆的な知」は相当に堅牢な基盤を持っています。「どういうわけか、わからないはずのことが、わかる」ということはもちろん世界中どこでも、あらゆる社会で経験されている人間的事実ですから、それを説明する言葉はどこにでもある。西欧哲学ではこれに「アプリオリ」(a priori「より先なるもの」)という術語を当てます。

「アプリオリ」を体系的に整備したのはご存じの通りカントです。「わかるはずのないもの」をカントは「物自体」(Ding an sich) と術語化しました。これは「そういうものがあるはずだ」という論理的な要請によって措定されたもので、誰も見たことがない。その「物自体」が感官に触れて生起した雑然たる印象を主観の「直観形式」(時間と空間という枠組み)や「推論形式」に即して整えると、私たちの意識にとっての「現象」が映現する。喩えて言えば、「原料」を加工した「食材」があり、私たちの厨房にはその加工済みの「食材」だけが持ち込まれる。どんな「調理道具」を使ったのかはまるでわからない。そういう状況を考えてください。そのときの「原料」が「物自体」、「食材」が「現象」、「調理道具」が「アプリオリ」です。カントの説明はそう考えるとすっきりしてはいるのですけれど、どこかすっきりし過ぎのような気がする。「どういうわけか」という語に込めた「腰の引け方」が足りないような気がする(そんなふうに感じるのは私ひとりかもしれませんけれど)。あるいは「物自体」と「現象」を架橋する「アプリオリ」の機能をどうやって向上させるかという実践的な課題(「『機』の思想」の力点はそこにあります)があまり前景化していないことが不満なのかもしれません。アプリオリを私は「調理道具」に喩えました（だから、手入れをきちんとしていると、使い勝手がよくなる）。けれど、「超越論的統覚」の「性能」はどうやったら向上するかというような問いはたぶんカントは一度も考えたことがなかったでしょう。

その印象はヘーゲルでも変わりません。

「自然そのままの意識は、知の可能性をもっているだけで、実際に知を備えているわけではない。が、当初その意識は自分が知を備えていると思いこんでいるから、真の知への道程は知の否定という意味合いをもち、意識の可能性を実現する道行きが、かえって、自己喪失のように感じられる。この道行きで意識は自分が真理だと思っていたものを失うのだから。[62]」

「自然そのままの意識」というのは、私がこれまで「子ども」という語で指しているのとほぼ同じものと思っていただいていいと思います。子どもには「知の可能性」がある。けれども、実際には知を備えていない。そして知を備えていないにもかかわらず、「自分は知を備えていると思いこんでいる」。そのことが彼における知の可能性の開花を妨げている。知の可能性の開花は子どもの主観の側からは「自分が真理だと思っていたもの」の喪失として経験される。この喪失の不快が乗り越えられるためには、今それを失うことを通じて、将来的にそれ以上のものを回復することについての先駆的確信がなければ済まされない。これをヘーゲルは「胎児」の比喩で説明しています。わかりやすい理路です。

「胎児はやがて人間になるはずだが、自分が人間であることを自覚してはいない。理性のあるおとなになったとき、はじめて自分が人間であることを自覚するので、そのとき、そうなるはずのものになったのである。こうして理性が現実のものとなる。」[63]

胎児はやがて人間になるはずであり、その下絵が胎児のうちにすでに書かれており、胎児はその下絵をそれと知らずに忠実にトレースしているのである、というのがヘーゲルの考え方です。胎児から人間への「命がけの跳躍」と見えるものは、実際にはすでに生物学的下絵が描かれている。ですから、主観的には「跳躍」でも、客観的には決められた道筋を歩んでいることになる。

「成長」の比喩は、ヨーロッパ形而上学が「学び」という営みの主観的な非合理性をうまく説明できていない事情を示しているように思います。でも、こう言ってはヘーゲルに失礼ですが、「胎児の成長」「不可視の設計図」という比喩に頼っていたのでは、やはり学びのダイナミズムはうまく説明することができないのではないかと思います（無礼を申し上げてすみません)。胎児は放っておいても設計図通り人間になりますが、「学び」は主観的な決断がなければ起動しない。やはり、「学び」への決断は「胎児である」という初期条件からは直接は導き出されない。

ヘーゲル的に言えば、「学び」というのは、本質的には自己発見だということになります。自分の中にすでに置いてあったものをあとから発見する。もともと設計図に書いてあった自分と、実際に構築された自分がぴたりと合致する。それが自己の成就である、と。

「現実の存在がその概念と合致するのは、目的として最初にあるものが結果として出てくる現実存在を可能性としてふくむからである。目的が展開されて現実の存在となるのが運動であり、外へと広がる生成である。そして、このように動きつづけるのが自己なのである。(……)自分に還っていくものがまさしく自己であり、自己とは自分と関係する同一の単純体なのである。[64]」

「自分へと還ってゆく主体」とか「絶対的に自分の外へ出ていきながら純粋に自己を認識する」という、始めと終わりが合致すること、設計図通りにことが進行することを重視するヘーゲルの措辞(そじ)は、私が「先駆性」という言葉で言おうとしていることとずいぶん手触りが違うように思います。先駆性というのは、「これから何が起こるのかわからないのだが、先駆的にわかる」ということなのですが、それは「どこかよそに台本があるから」とか「設計図があるから」という話ではありません。台本や設計図があるのでわかるなら、「わからないけど、わかる」とは言いません。そんなものがなくても、わかる。ただ、ことが終わったあとになって回顧的に見るとあたかも設計図があったかのように思える。それと潜勢的(せんせい)な仕方で設計図は描かれていたのだというのとは違う話です。

先駆性というのは、「機」の時間論のところで述べましたように、後から見るとそれから起こることを先取りしていたように見えるという事後的印象のことであって、行動しているリアルタイムでは自分が何をしているのかを先取りしているわけではありません。「石火之機」「啐啄之機」の論件で述べたように、先取りすると後手に回るからです。「先取りする主体」というものを想定してしまうと、出来事が起きる前に、それを先取りして準備している主体がもう存在することになる。そして、準備するものは必ず遅れる。入力を待ち、それに反応する限り、必ずそこには隙ができる。待てば必ず遅れる。だから待ってはいけない。

「さとり」を撃ち殺すのは、誰もコントロールしていない薪です。薪の飛来はそのとき同時に生起していた無数のランダムな出来事のうちの一つに過ぎません。それが「さとり」に当たったのは偶然なのです。でも、事後的にそれは「『さとり』を撃ち殺した薪」と呼ばれることになる。この薪を「設計図」や「胎児」の比喩で語ることはできません。しかし、日本の伝統文化は、この薪の動きを武道的な身体運用の一つの理想としました。それはたしかに実効的な働きを果たした。けれども、それは意図されたものではない。というより、意図されたものでなかったがゆえに実効的に働いた。

## 「世界の中心にいない」という前提

私たちの文化における「機」の概念は、どう工夫しても、「設計図」や「胎児」や「それがもともとあったすがたへと還っていく」ことや「円環を描いて自分へと還っていく運動」や「はじまりで前提とされたものに最終段階でようやく到達する」「自分に還ってきた統一[65]」といった表現ではその意を尽くすことができません。

「帰還」や「円環」の比喩は、自分たちが「世界の中心」であるという宇宙観になじんだ精神にとっては違和感のないものでしょう。けれども、自分たちは世界の中心だと思ったことが一度もない集団には身に添わないものです。

引用をもう一つ。哲学史の話をしているわけではないので、これで最後にします。ハイデガーは「学び」について書いたテクストの中で、ある道具の使用法について先駆的に知っていなければ、その使用法には習熟できないと書いています。なるほど。でも、そのときにハイデガーが挙げているのは「銃」なのです。

「我々は、銃とは何であるかを、はじめて学ぶのではなく、我々はこのことを、あらかじめすでに知っているのであり、また、知っているのでなければならないのである。そうでなければ、我々は銃をおよそ全く、そのものとして看取することはできないであろう。我々は、武器とは何であるかということを、あらかじめ知っていることによって、また、ただ、そうであることによってのみ、およそはじめて、前に置かれた目の当りにしているものが、当のそのものにおいて我々に見えてくるのである。」[66]

銃を前にして「これは武器だ」と直観しているハイデガー的主体は、ジャングルの中に転がっているわけのわからないオブジェを見て、「こんなものでもいつかは役に立つかも知れない」と取り上げるブリコルールの直観とはまったく別ものです。ブリコルールに要求されるのは「銃とは何であるか」を知らないままに、「そのものとして看取すること」ができないままに、「それ」に惹きつけられ、「それ」の潜在的な道具的可能性について先駆的に知る能力です。ブリコルールは拾った銃を適宜「かなづち」に使ったり、「棍棒」に使ったり、「呪具」に使ったりするでしょうけれど、そうすることで、ブリコルールはやはり彼らなりのしかたで銃の本質を直観していると言うべきだろうと思います。けれども、ハイデガーはそのようなしかたでの直観を「直観」には算入しません。ですからハイデガーの採用する「学び」の定義もまた私たちの定義とはかなり違ったものになります。

「本来的な学ぶことは、極めて注目に値する取ること、すなわち、その際、取る者はただ、自らが根本においてすでに手にしている、そうしたものを取るだけであるという、そうした取ることなのである。(……)生徒が、自分の取るものは自分自身が本来すでに手にしているものだと知る時にはじめて、生徒は学ぶに至る。すでに手にしているものを取ることが、自己自身を与えることだという、そうしたところに(……)はじめて真の学ぶことが存する。」[67]

ハイデガーは「自らが根本においてすでに手にしている」ものを取ることを「学び」と定義しています。「すでに手にしているものを取ること」それが「真の学ぶこと」である、と。これも私がここまで論じてきた「学び」の概念とは一致しません。

生徒は自分が学ぶべきことを先駆的に知っているという点においては私もハイデガーに異論はありません。けれども、「すでに手にしているもの」を改めて自分自身に与えるのが「学び」であるという解釈にはにわかには同意することができないのです。「すでに」という副詞がどうも呑み込めないからです。学びが成立するのは、「私はそれをいまだ持たない」という副詞を要求します。私たちが用いている先駆性は「いまだ」という欠落が切迫してくるからです。「すでに持っていること」を覚知することによってではなく、「いまだ持っていないこと」についての切迫が学びを起動する。先駆性とはそのことです。

ハイデガーもやはりヘーゲルの「胎児」のように、学ぶものは学ぶに先んじて、学ぶべきものについての一覧的なリストを、自分がそうなるべき姿の「下絵」をすでに潜勢的に所有していると考えているのではないかと思います。現に、ハイデガーは現存在の本態的なあり方を「熟す」という言い方に託したことがあります。

「現存在は、おのれ自身として、現存在がまだそれでない当のものに成らなければならない、言いかえれば、そうしたものであらなければならない。（……）たとえば、未熟の果実はその成熟に向かってゆく。そのさい、このように成熟することにおいて、果実がまだそれでない当のものが、まだ事物的に存在していないものとして、果実に継ぎ足されるのでは断じてない。果実自身が成熟するにいたるのであり、しかもそのようにみずから成熟するにいたるということが、果実としてのその存在を性格づけているのである。[68]」

「果実」の比喩はヘーゲルの「胎児」の比喩と本質的には同じです。果実のＤＮＡのうちには熟果に至る全行程の下絵がすでに書き込まれている。だから、それが未熟なまま落果したとしても、それの熟果としての完成形は権利上は先取りされている、と。いまだ実現されていないが、「実現されねばならぬもの」として先取りされた完成形が、未完成な現存在の今時点でのアイデンティティを基礎づけている。だとすると、ハイデガーの「学び」の定義はやはり私たちの理解するそれとは違うということになります。

私が学ぶべきこと、私が経験すべきことはすべて私のうちにあらかじめ書き込んであり、私はただそれを再発見し、自己に与えるだけであるという人間観は、哲学的には整合的です。けれども、こういうのは「自分は世界の中心にいる」ということがあまりに自明なので、「どんなことがあっても自分を世界の中心にいると思うことができない種族」のあることを想像できない人々のものだと思います。少なくとも、私にとっては、このような人間観はまったく自明ではありません。私は「自分は世界の端にいる」という自己規定からしか出発することができないからです。

自分が今書いているこの文章も、このままでは日本語話者しか読者を持つことがありません。英語なりフランス語なりに書き直されなければ、全く国際共通性がない（けれど、そんな面倒な仕事は誰もしてくれないでしょう）。その「辺境国民」の無力感があまりに自然なので、そういう無力感を覚えつつ書いているということさえ自覚できなくなった人間の書いている文章です。「自分の中にもともとあるもの」を把持しても、それは自分の資産目録には加算されない（資産は「外から来たもの」に限定される）というルールが身になじんでいるせいで、そういう感じ方そのものが地政学的条件に規定された心性なのだということをつい忘れてしまう。そのような精神のありかたを「ローカル」と言うのだとしたら、私は骨の髄までローカルな人間です。

でも、それならそれで肚を括って、おのれのローカリティを足場にして、「こういうのも『あり』ということにしてはいただけませんか？」ということを国際社会に向けて申し上げたい、と。そのように考えているのであります（まず英訳しないとダメですけど）。

# IV　辺境人は日本語と共に

## 「ぼく」がなぜこの本を書けなかったのか

いよいよ最後の論件に参りました。今、「英訳しないとダメ」と書きましたけれど、ほんとうにそうなんです。それは単に日本語が国連の公用語ではないとか、そういう意味ではなくて、日本人の日本人性の根本をなしているのは日本語という言語そのものだと私が思っているからです。以下、紙数が尽きるまでこの話をしたいと思います。

日本の辺境性をかたちづくっているのは日本語という言語そのものです。これがこれから吟味しようとしている仮説です。

私は今、この本を日本語で書いています。それは、さしあたり私の述べていることは日本語話者にしか通じないということです。外国の方でも日本語に通じた人ならある程度までは私の言いたいことを理解することができるでしょう。でも、私の「文体」の含意を理解することはかなりむずかしい。例えば、どうして私がこの本で「です・ます」という文体を採用しているのか。どうして私が「ぼく」ではなく「私」という一人称を採用しているのか。その消息は、たぶん日本語話者にしかわからない。

たしかに私が今書いているこの文章を近似的に英語やフランス語にすることは可能です（私自身、文章を書くときには「フランス語に訳せるかどうか」をひとつの基準にしています）。ですから、達者な翻訳者がいれば、私が言いたいことの九十％くらいまでは外国語に翻訳できると思います。でも、まったく翻訳不能なものがある。例えば、すぐ前に書いたこの文がそうです。

「どうして私が『ぼく』ではなく『私』という一人称を採用しているのか」

これはたぶん世界中のどんな外国語にも翻訳することができません。英語にするとこうなります。The reason why I employ the personal pronoun *I* in place of *I*. 意味不明ですね。英語の人称代名詞は単複・男女の区別しかありませんが、日本語では性数のみならず、その言明がどのような「自他の関係」を構築しようとしているかによってほとんど無数の人称代名詞が選択可能だからです（「儂（わし）」とか「手前」とか「小職」とか「老生」とか……)。ですから、本を書くときに、書き手が「私」を選択するか、「ぼく」を選択するかで、書き手の読者に対する関係は違うものになります。

「ぼく」は社会的には中位にあり、それほど学知や教養があるわけではなく、狂信的なイデオロギーや信教に縛り付けられているわけでもなく、それゆえ読者に対して高飛車に出たり、押しつけがましいことを言わない人（であると読者に思わせたがっている書き手）が採用する人称代名詞です。

でも、「私」はそうではありません。

実はこの本の原稿を、私は途中までずっと「ぼく」で書いていたのです。ところが、途中で「ぼく」という人称代名詞では書き進められなくなった。十分な根拠が示せないのだが、とにかく勢いで突破せねばならない行論上の難所にぶつかったとき、「私」に切り替えたのです。「ぼく」では腰が弱すぎて、この難所を越えられないと思ったからです。

「ぼく」という書き手は読者と非常に近い位置にいる（ことになっている）。だから、想定読者がたぶん知らないような人名や概念には言及しない（言及する場合もかならずていねいに説明して「周知のように」というような意地悪なことはしない）。いつも読者と「同じ目線」をキープして、「この人は、読者を置き去りにすることはないよな」と読者を安心させておいて、ゆっくり進んでゆく。ところが、ときには読者との親密な距離を保っていると飛び越えることができない行論上の段差に出くわすことがあります。読者と手を繋いで歩いている限り、それは飛び越えられない。一時的にではあれ、読者を置き去りにして、書き手だけが必死の思いで「向こう側」に飛び移り、それから縄梯子を作って垂らすというような二段構えでゆかないと越えられない難所がある。

だから、半分ほど書き進んだところで（宗教について論じ始めたところで）「ぼく」で押し切るのはもう無理と判断して、最初から全部「私」に書き換えたのです。

## 「もしもし」が伝わること

というような説明は日本語話者にはたぶんすらすらとご理解いただけるはずです。別に高校の国語の時間に習ったとかそういうことではなくて、日本語を使って生きていれば「人称代名詞の選択というのは、そういうものだ」ということが血肉化しているからです。

代名詞の選択によって、書き手と読み手の間の関係が設定されます。ただの代名詞ですから、文章のコンテンツとは関係がない。「関係がない」はずですが、実際には代名詞で中身まで変わってしまう。場合によってはまったく違うことが書かれてしまう。日本語というのは、そういう言語なのです。

一人称代名詞は何にするか、文章は敬体か常体か、男性語か女性語か、そういう初期設定が決まらないと、私たちはそもそも語り始めることができません。想像的に設定された書き手と読み手の関係によってコミュニケーションの内容が限定される。発信者と受信者が「どういう関係であるか」（親疎が、上下が、長幼が、性差が）は「何を通信しているのか」よりもしばしば優先的に配慮される。

言語学では、メッセージそのものと、そのメッセージをどういう文脈で読むべきかを指示する「メタ・メッセージ」を区別して考えます。メタ・メッセージはメッセージの読み方について指示を与えるメッセージです。電話口での「もしもし」とか、教師が「後ろの方、聞こえてますか？」と言うようなのはメタ・メッセージです。コミュニケーションが成立しているかどうかを確認したり、コミュニケーションを延長したり、打ち切ったり、あるいはコミュニケーションの解釈について、「これはたとえ話です」とか「これはジョークです」とか「これは引用です」とか、読者に指示を与えるものはすべてメタ・メッセージです。

書き手の人称代名詞や常体敬体の使い分けで、書かれるコンテンツまで変わってしまうと私は書きましたけれど、それは言い換えると、日本語ではメタ・メッセージの支配力が非常に強いということです。例えば、日本人はコミュニケーションにおいて、メッセージの真偽や当否よりも、相手がそれを信じるかどうか、相手がそれを「丸呑み」するかどうかを優先的に配慮する。もちろん、どんな言語でも、メッセージの発信者と受信者の関係がどういうものか（二人は仲がいいのか悪いのか、それは上位者からの命令なのか、下位者からの懇願なのか、などなど）はコミュニケーションのあり方を決定する重要な条件です。けれども、それにしても、コミュニケーションの最初から最後まで、ずっとそのことばかり考えているという国語は希有でしょう。

私たちの国の政治家や評論家たちは政策論争において、対立者に対して「情理を尽くして、自分の政策や政治理念を理解してもらう」ということにはあまり（ほとんど）努力を向けません。それよりはまず相手を小馬鹿にしたような態度を取ろうとする。テレビの政策論議番組を見ていると、どちらが「上位者」であるかの「組み手争い」がしばしば実質的な政策論議よりも先行する。うっかりすると、どちらが当該論件について、より「事情通」であるか、そのポジション取り争いだけで議論が終わってしまうことさえあります。自分の方が「上位者」であることを誇示するためには、いかにもうんざりしたように相手の質問を鼻先であしらって、「問題はそんなところにあるんじゃないんだ」と議論の設定をひっくり返すことが効果的であるということをみんな知っているので、「誰がいちばん『うんざり』しているように見えるか」を競うようになる。お互いに相手の話の腰を折って、「だから」とか「あのね」とかいう「しかたなしに専門的知見を素人にもわかるように言ってあげる上位者の常套句（じょうとうく）」を差し挟もうとする。

少し前の総理大臣は記者会見でも、あらゆる質疑応答において「質問する記者は何もわかっておらず、私の方が当該論件については熟知している」と印象づけることに知的リソースのほとんどを投じていました。たしかに彼はいろいろ数字や法案名を挙げたりするのですが、それはその数字や法律そのものに意味があるからではない。そうではなく、「そのような数字や法律を知っている私」は「知らない君たち」よりも政策的に正しい選択をするはずなので、質問とか（ましてや反論とか）するのは時間の無駄であるというメタ・メッセージを伝えるためでした。

## 不自然なほどに態度の大きな人間

自説への支持者を増やすためのいちばん正統的な方法は、「あなたが私と同じ情報を持ち、私と同じ程度の合理的推論ができるのであれば、私と同じ結論に達するはずである」というしかたで説得することです。私と聞き手の間に原理的には知的な位階差がないという擬制をもってこないと説得という仕事は始まらない。

けれども、私たちの政治風土で用いられているのは説得の言語ではありません。もっとも広範に用いられているのは、「私はあなたより多くの情報を有しており、あなたよりも合理的に推論することができるのであるから、あなたがどのような結論に達しようと、私の結論の方がつねに正しい」という恫喝の語法です。自分の方が立場が上であるということを相手にまず認めさせさえすれば、メッセージの真偽や当否はもう問われない。

「私はつねに正しい政策判断をすることのできる人間であり、あなたはそうではない」という立場の差を構築することが、政策そのものの吟味よりも優先する。「何が正しいのか」という問いよりも、「正しいことを言いそうな人間は誰か」という問いの方が優先する。そして、「正しいことを言いそうな人間」とそうでない人間の違いはどうやって見分けるのかについては客観的基準がない。だから、結局は（先ほど水戸黄門の例で論じたように）、「不自然なほどに態度の大きい人間」の言うことが傾聴される。

先日、うちの大学に学生の親から電話がかかってきました。「下っ端じゃ話にならん、とにかく責任者を出せ」とえらい剣幕でした。私は教務部長だったので回された電話の対応に出ました。すると、まず「謝れ」と言うのです。「何について謝るのか、まずそのことについてお聞きしないと……」と私が引き取ると、さらに激昂されて、「学生の親からこれほど怒って電話があるということは、そちらに非があるからに決まっているだろう。まず私をこんなに怒らせたことについて謝れ、話はそれからだ」という複雑なロジックを操りました。「私が現に怒っている」という事実は「怒るに至った事実関係」の吟味に先立って優先的に配慮されなければならないと彼は主張するのです。もちろんそれは「怒るに至った事実関係」が根拠薄弱であることに彼自身気づいていて、それだけでは「弱い」と判断したからでしょう。まず、私の側が「加害者」で、彼が「被害者」であるという非対称的な関係を構築しなければならない。そういう非対称的な関係を入り口に置きさえすれば、そのあと事実関係の吟味に入った場合でも、彼の解釈がつねに正しく、私の解釈はつねに誤謬であるとして退けることが可能になる。なにしろ私はいったん「非を認めた」人間である訳ですから、その「非」は後の全発言に拡大適用できる。

これは今私たちの社会で広く採用されている戦略です。別に今に始まったことではありません。極道の「因縁」というのはこういうものでしたし、旧軍内務班における初年兵いじめも狡猾にこのロジックを活用しました。どうやらこれは日本の悪しき伝統の一つのようです。

そういえば、先日、柴田元幸さんと対談したときに、フロアから「ウチダ先生のその無根拠な自信はどこから来るんですか」と質問されたことがありました（笑いすぎて質問にはお答えできませんでしたけれど）。質問したこの方は私の偉そうな態度や断定的なもの言いに実は「根拠がない」ということは見破っているのです。けれども「それがどこから来るのですか」と質問することで「このような態度を取っていることの本当の理由」をウチダは知っていて、自分は知らないだけかもしれないという非対称性を導入してしまった。惜しかったですね。

質問と回答は私たちの社会では「正解を導く」ためになされるわけではありません。それよりはむしろ問う者と答える者のあいだに非対称的な水位差を作り出すためになされています。

質問に対して「いい質問ですね」と応じることは、すでに質問者に対して上位を取ったことを意味します。「キミはどうしてそのような質問をするのか」と反問するのもそうです。問いを無視して、「いいから黙って私の話を聞きなさい」というのもそうです。これは別に特段有用な情報をこれから述べるという意味ではなく、単に「あなたが私の話を黙って聞かなければならない理由を、あなたは知らないが、私は知っている（だから、私が上位者である）」と言っているにすぎません。

日本的コミュニケーションの特徴は、メッセージのコンテンツの当否よりも、発信者受信者のどちらが「上位者」かの決定をあらゆる場合に優先させる（場合によってはそれだけで話が終わることさえある）点にあります。そして、私はこれが日本語という言語の特殊性に由来するものではないかと思っているのです。

## 日本語の特殊性はどこにあるか

難読症（dyslexia）という疾患があることをご存じだと思います。知的能力には特に異常がないが、書かれた文字を読むことができない、読めてもその意味が分からない。

左脳のどこかに障害があるようですが、原因はまだ突き止められていません。特に英語圏では症例が多く、アメリカでは人口の十％がディスレクシア問題を抱えているとも言われます。

興味深いことに、文字がほぼ発音通りに表記されるイタリア語話者では少なく、綴り通りに発音されない英語やフランス語では発症し易い。日本ではまだ症例が少ないので、ディスレクシアを扱った映画や小説を私は知りませんが、欧米には識字にかかわる障害を扱った痛ましい物語がたくさんあります。

最近では、主演のケイト・ウィンスレットがアカデミー賞主演女優賞をとった『愛を読む人』（*The Reader*）という映画がありました。主人公は字が読めません。それをひた隠しにして生きている。そして大戦中にアウシュヴィッツの看守の仕事を得る。文字を読んだり書いたりする必要の少ない職業だと思ったからでしょう。けれども、囚人護送中に事故が起こったとき、彼女にはその報告書を書くことができなかった。そして、彼女に全責任があるという虚偽の報告書を他の看守が提出してしまい、それが戦後、彼女に重い戦争責任をもたらすことになります。でも、裁判の席でも、彼女は実は自分は字が読めないと告白しない。それを告げさえすれば、報告書の信頼性が損なわれ、量刑が軽減されることがわかっていながら、障害があることを言わない。

これはこの映画のサイドストーリーにすぎないのですけれど、難読症をめぐるある種の物語の典型をなぞっています。文字が読めないことをひた隠しにしたまま、成人して市民生活を送っている人物が周囲には理解しがたい奇矯な行動を取り、怪訝（けげん）なまなざしを浴びて、それがいつ「ばれるか」というのがサスペンスの機軸になっている。代表的なものとしてはルース・レンデルの『ロウフィールド館の惨劇』があります。これは字が読めない中年女性の家政婦がしだいに追い詰められて、ついに主人一家を皆殺しにしてしまうというすごく怖い話です。

難読症そのものは図形の認知にかかわる脳の器質疾患であって、知的活動には支障がありません。音読してもらえばテクストはよく理解できる。だから、文字が読めないまま学者になった人だっています。それにしても、非識字は欧米ではどこでも重大な社会問題です。フランスでは非識字率が十%を超えており、「速読」ができない（一語ずつ読み上げることはできるけれど、読み終えたあとに何が書いてあったかを言うことができない）子どもが三十五%という統計が何年か前に『フィガロ』に公表されたことがありました。それを聴いて、驚く人が多いと思います。日本では非識字率が話題になることはほとんどないからです。江戸時代の日本の識字率は世界一であったとよく言われます。私はこの高識字率は教育制度よりもむしろ日本語の特殊性に由来するのではないかと思っています。

日本語はどこが特殊か。それは表意文字と表音文字を併用する言語だということです。かつて中華の辺境はどこもそのようなハイブリッド言語を用いていました。朝鮮半島ではハングルと漢字が併用され、インドシナ半島では「チュノム（字喃）」と漢字が併用されていました。けれども、このハイブリッド状態を維持している国はもう多くありません。韓国は戦後すべての公用文を原則としてハングルだけを用いて表記する法律が制定され、一九六八年には漢字教育が廃止され、一九七〇年には教科書から漢字が消えました。ベトナムもそうです。一九五四年に漢字は公式に廃用され、それに代わって、十七世紀にフランス人宣教師が考案した「クオックグー（国語）」という表記体系が採用されました。ですから、現在の韓国人やベトナム人は、二世代前の人たちが書いた文章がもう読めません。祖父母の世代が書いた文章が読めない。文学作品も、歴史資料も、哲学書も、読めない。それは民族的な文化の継承という点ではほとんど致命的なハンディではないかと私は思うのですが、とりあえず今の韓国でもベトナムでも、国民たちはあげて英語の習得に熱中しており、自国の伝統的な表記体系について顧慮する人は少数にとどまっている。

その中で、日本はとりあえず例外的に漢字と自国で工夫した表音文字の交ぜ書きをいまだにとどめている。

漢字は表意文字（ideogram）です。かな（ひらがな、かたかな）は表音文字（phonogram）です。表意文字は図像で、表音文字は音声です。私たちは図像と音声の二つを並行処理しながら言語活動を行っている。でも、これはきわめて例外的な言語状況なのです。

文字と音声の両方を使うという点では世界中の文字言語はどこも同じじゃないかと言う人がいるかも知れませんが、日本はちょっと違う。

これは養老孟司先生からうかがったことの受け売りですけれど、脳の一部に損傷を受けて文字が読めなくなる事例がいくつか報告されています。生得的な難読症とは違います。文字処理を扱っている脳部位が外傷によって破壊された結果です。欧米語圏では失読症の病態は一つしかない。文字が読めなくなる。それだけです。ところが、日本人の場合は病態が二つある。「漢字だけが読めない」場合と「かなだけが読めない」場合の二つ。意味することはおわかりになりますね。漢字とかなは日本人の脳内の違う部位で、処理されているということです。だから、片方だけ損傷を受けても、片方は機能している。

日本人の脳は文字を視覚的に入力しながら、漢字を図像対応部位で、かなを音声対応部位でそれぞれ処理している。記号入力を二箇所に振り分けて並行処理している。だから、失読症の病態が二種類ある。

言語を脳内の二箇所で並列処理しているという言語操作の特殊性はおそらくさまざまなかたちで私たち日本語話者の思考と行動を規定しているのではないかと思います。

## 日本語がマンガ脳を育んだ

もっとも際立った事例は「マンガ」という表現手段が日本において選択的に進化したという事実です。これに異論のある人はいないでしょう。

マンガの生産量についても、質についても、イノベーションの速度においても、日本は世界を圧倒しています。

今フランスの書店に行くと「MANGA」というコーナーがあります。数年前まではありませんでした。もちろん日本のマンガ（『ドラゴンボール』とか『ドラえもん』とか）は出ていましたけれど、それは「バンド・デシネ」（Bande dessinée）という既存のジャンルに含まれていました。それが数年前から別建てになりました。内容の違いによって差別化されたのではありません。「マンガ」と「バンド・デシネ」は製本の仕方が違うので、別の棚に配架されるようになったのです。

日本のマンガは日本の雑誌掲載時のスタイルのまま、文字は縦書き、頁は右から左へ進みます。欧米の漫画は文字は横書き、頁は左から右です。欧米の漫画を読みなれた読者にとって、物語が右から左へ移行するマンガを読むためにはリテラシーそのものの書き換えが必要でした。そのようなリテラシーがまだ十分に育っていない時期は、日本のマンガは「裏焼き」され、欧米仕様の読み方で読めるように改作されていました。

それが今では、マンガだけは、欧米でも、日本で読むのと同じ製本、同じコマ割りで読めるようになった。欧米の若い読者たちがマンガをオリジナルの味わいで読むことができるように、彼らのリテラシーそのものを書き換えたのです。彼らが自分たちの文字の読み方の定型を崩しても惜しくないと思えるだけの水準の質に日本のマンガが達したということです。

なぜ、日本人の書くマンガだけが（とりあえず今までのところはということですが）例外的な質的高さを達成しうるのか。これは言語構造の特殊性によるのである、ということを看破されたのは、これまた養老先生です（受け売りばかりして、すみません）。白川静先生が教えるように漢字というのは、世界のありさまや人間のふるまいを図示したものです。白川漢字学の中心になるのは「サイ」という表意要素です。「サイ」は英語のDの弧の部分を下向きにしたかたちです。

この文字を後漢の『説文解字』以来学者たちは「口」と解したのですが、白川先生はこれを退け、これが「祝詞を入れる器」、もっとも根源的な呪具の象形であるという新解釈を立てました。そしてこれを構成要素に含む基本字すべての解釈の改変を要求したのです。

例えば、「告」は「木の枝にかけられたサイ」であり、それゆえ「告げる」とは「神に訴え告げること」になります。「サイ」を細長い木につけてささげると「史」になります。聖所に赴くときは、大きな木に「サイ」をつけ、吹き流しを飾り、奉じて出行する。「呪」は「サイ」と「兄」の合字です。「兄」は祝禱の器であるサイを奉じて祖霊に祈る人を指します。サイを二つ並べると「咒」となり、これは烈しい祈りを意味します。祈りを通じて忘我の境位に達すると「兌（えつ）」という。「兄」（祖霊に祈る人）の上に「八」を加えたものであり、「神気が髣髴（ほうふつ）としてあらわれることを示している[69]」などなど。

白川先生の解釈から私たちが知るのは、古代の呪術的な戦いは言葉によって展開したということです。「文字が作られた契機のうち、もっとも重要なことは、ことばのもつ呪的な機能を、そこに定着し永久化することであった[70]」ということです。

私たちはもう漢字の原意を知りません。けれども、漢字がその起源においては、私たちの心身に直接的な力能をふるうものであったという記憶はおそらくいまだ意識の深層にとどめている。漢字というものは持ち重りのする、熱や振動をともなった、具体的な物質性を備えたものとして私たちは引き受けた。そして、現在もなお私たちはそのようなものを日常の言語表現のうちで駆使しています。

私は日本人が漢字を読むときに示す身体反応と、中国人が漢字を読むときに示す身体反応は違うだろうと思います。中国人にとって、漢字は表意文字であると同時に表音文字でもあるからです。だから、外来語をそのまま漢字に音訳して表記することができる。日本語は外来語はカタカナ表記で処理しますから、漢字は表意に特化されている。だから、漢字の表意性は中国語においてよりも純粋であり、それだけ強烈であるはずです。だとすれば、白川漢字学の言う漢字の「呪的機能」は現代中国より現代日本においていまだその残存臭気をとどめているのではないか。

アルファベットを用いる言語圏と、漢字を用いる言語圏での難読症の発生率には有意な差が示されていますが、おそらく日本語話者において、難読症の発生は世界でもっとも少ないはずです。医学的にはまったくの素人の推測ですから、専門家は取り合ってくれないでしょうけれど、文字がざくりと身体に刻み込まれ、切り込んでくるという感覚の鋭さは、日本語話者と英語話者では明らかに違う。"curse" という文字が英語話者にもたらす不安と〝呪〟が漢字読者にもたらす不安は質が違うはずです。

私たちは言語記号の表意性を物質的、身体的なものとして脳のある部位で経験し、一方その表音性を概念的、音声的なものとして別の脳内部位で経験する。養老先生のマンガ論によりますと、漢字を担当している脳内部位はマンガにおける「絵」の部分を処理している。かなを担当している部位はマンガの「ふきだし」を処理している。そういう分業が果たされている。

マンガは「絵」と「ふきだし」から構成されています。「ふきだし」が文字で書かれているので、私たちはそれが表意機能ではなく、表音機能を担っているということをうっかり見落としていますが、間違いなく「ふきだし」は音声なのです。

私が子どもの頃、マンガを読むとき、「ふきだし」部分を音読している子どもがずいぶんいました。あの子どもたちはおそらく音読することを通じて、「『ふきだし』は音声記号として処理せよ」という命令を自分の脳に刷り込んでいたのではないでしょうか。私自身はマンガを黙読していましたが、それは幼児期からのマンガのヘビー・リーダーであったために「ふきだし」を表音記号として処理する回路がもう出来上がっていたからではないかと思います。というのは、音読していると頁をめくる速度が遅くなるからです。寸暇（すんか）を惜しんでマンガを読んでいる身としてはそんな手間暇をかけるわけにはゆかない。

マンガを読むためには、「絵」を表意記号として処理し、「ふきだし」を表音記号として処理する並列処理ができなければならないわけですが、日本語話者にはそれができる。並列処理の回路がすでに存在するから。だから、日本人は自動的にマンガのヘビー・リーダーになれる。

一方、欧米語話者には処理回路が一つしかない。もちろん読書人の中には幼児期から大量の文字情報に接してきたせいで、表音文字で綴られた語を表意的に読むという技術を習得している人はいると思います。Quixoticという文字を見ると、「クイクサティック」という聴覚像より先に、ロシナンテにまたがり、サンチョ・パンサを供に荒野を行く憂い顔の騎士の画像が浮かぶという人がいても不思議はありません。けれども、アルファベットを一瞥すると、それが表意的に立ち上がり、ある種の物質性を持って直に身体に触れてくるような「白川静的」読字経験ができるためには、どうあっても長期にわたる集中的な、ほとんど偏執的な読書体験が必須です。その条件を満たす人はごく少数にとどまるでしょう。

ただ、表音文字言語圏にも例外がいます。ユダヤ人です（おお、またですね）。ヘブライ語は「アレフ」から始まる二十二の字母で構成されます。ただし、字母の母音をどう発音するかは単語ごとに違います。そのために、初学者用の母音記号（ニクダー）は存在しますが、書物には発音の指示がありません。図像と音声が分離している。ですから、図像的には読めるし、その語義も知られているが、どう読むかわからない語というものが存在します（私たちにとっての「意味はわかるけれど、どう読むかわからない漢字」に相当すると思ってください）。

例えば、アルファベットで近似的にＹＨＷＨと表記される「神聖四文字」（テトラグラム）は聖書朗読に際しては「アドナイ」（主）と読み替えられます。聖書研究では「ヤーウェ」と読むというのが定説になっていますが、もともとこの神聖四文字をどう発音したのか、確定的なことはわかっていません。というのは、「主」を指すこの単語は、かつては年に一度、神殿の奥で祭司長がひとり唱えることだけが許され、彼以外の誰もその発音を知らないという仕方でその神聖性を保たれていたからです。紀元七〇年のティトゥスによるエルサレムの神殿破壊によって、その口承の伝統が絶え、ヘブライ語では「主」を表す語、その宗教体系の根本をなす語の読み方は失われました。しかし、それによってＹＨＷＨへの信仰は少しも損なわれることがなかった。以後二千年、テトラグラムは純粋な表意記号としてユダヤ人に霊的に切迫することを止めませんでした。むしろ、「それをどう読むかわからない語をどう読むか」という問いを通じて、終わりなく知を錬磨するタルムードやカバラーの体系が構築されたのです。

カバラーという語が出たので、興味深い例をひとつご紹介しましょう。中世のカバリスト、アブラハム・アブラフィア（Abraham Abulafia, 1240-1291?）はヘブライ語字母の組み合わせによる瞑想法を体系化した人です。深夜ただ一人、庵に閉じこもって、白衣に身を包み、ろうそくをあかあかと灯して、忘我状態に入って、ひたすら文字を書く、ひたすら文字を書く、というのがアブラフィアの推奨する瞑想法でした。忘我状態で書いた文字を通じて神の力がカバリストの中に流入する（まるでシュールレアリストの自動筆記のようですが）。恍惚状態においてカバリストは激しい痙攣に陥り、失神し、ＹＨＷＨのような危険な文字については失血死の危険さえあったそうです。文字を筆記することそれ自体が霊的な力を発動する。アブラフィアはこう書いています。

「子音や母音の位置を変えないように、くれぐれも気をつけねばならない。なぜかというと、ある身体部分を支配している文字を読むときに読みまちがえると、その身体部分がもぎとられて別の場所についたり、たちどころにその性質を変えて別の形態をとったりすることがあり、そのため人間は片端になってしまうからである。[71]」

文字の扱いを誤ると、それが直接人間の身体を破壊することがあるというアブラハム・アブラフィアの書字理論は白川静の漢字学を連想させます（同意してくれる人はたいへん少ないだろうとは思いますけど）。でも、アブラハム・アブラフィアが「耳なし芳一」の話を読む機会があったら、「そういうことって、あるよ」と言ったと思いますよ、きっと。

だんだん話が逸脱してきましたけれど、マンガの話をしていたのでした。「絵」と「ふきだし」を並列処理できるマンガ・リテラシーは、表意文字と表音文字を並列処理する特殊な言語である日本語話者において特権的に発達したという話です。ですから、マンガ分野における日本マンガの「一人勝ち」状態はこれからしばらく続くと思います。ただ、アニメは事情が違います。アニメの場合、観客には「ふきだし」の文字を音声的に処理するという手間が要求されませんし、だいたいアニメの上映時間は世界中どこでも同じですから、「アニメ・リテラシー」の差は国語間では顕在化しません（マンガ一頁を読むのに要する時間は個人のマンガ・リテラシーの差を示す一番わかりやすい指標ですけど）。

## 「真名（まな）」と「仮名」の使い分け

日本列島はもともと無文字社会です。原日本語は音声でしか存在しなかった（たぶんそうだと思います。「あんた見たんか？」と訊かれると答えられませんが）、そこに漢字（真名）が入ってきて、漢字から二種類のかな（仮名）が発明された。ここまでは日本史で習います。

でも、「真名」と「仮名」という言い方自体がおかしいとは思いませんでしたか？原日本語は「音声」でしか存在しなかった。そこに外来の文字が入ってきたとき、それが「真」の、すなわち「正統」の座を領したのです。そして、もともとあった音声言語は「仮」の、すなわち「暫定」の座に置かれた。外来のものが正統の地位を占め、土着のものが隷属的な地位に退く。それは同時に男性語と女性語というしかたでジェンダー化されている。これが日本語の辺境語的構造です。

土着の言語＝仮名＝女性語は当然「本音」を表現します。生な感情や、剥き出しの生活実感はこのコロキアルな土着語でしか言い表すことができません。たしかに、漢文で記された外来語＝真名＝男性語は存在します。けれども、それは生活言語ではない。それを以てしては身体実感や情動や官能や喜怒哀楽を適切には表すことができない。

漢詩という文学形式がありますけれど、残念ながら、漢詩は限定的な素材しか扱うことができません。庶人の生活実感や官能は漢詩の管轄外です。ですから、列島住民が文字を持つようになってから千五百年以上が経ちますけれど、私たちがいまだに読み継いでいるのは実は「仮名で書かれた文学作品」が中心なのです。

紀貫之が「をとこもすなる日記といふ物をゝむなもしてみむとてするなり」と『土佐

日記』を書き起こしたとき、彼はこのコロキアルな言語をもっとも効果的に用いる方法を発見しました。

『土佐日記』で紀貫之は「をんな」の真似をして女性語を使ってみたのではありません。「をんな」の真似をして女性語を使って「をとこ」の真似をして日記を書いたのです。二つフェイクが入っている。生活言語を使わないはずの人間が、あえて生活言語を使って、外来の公用語で書くべき種類のテクストを書く。コロキアルな言語を外来の言語形式の中に流し込む、あるいはコロキアルな言語の上に外来の概念や術語を「載せる」。それが日本語の正しいとは言わないまでも、もっとも効果的な運用法になった。とりあえず、そういう言葉づかいをしないと私たちの社会では言葉はうまく人に届かないということが確かめられた。

現に、私がいま使っているのは紀貫之伝来の語法です。本書が論じているのは「地政学的辺境性が日本人の思考と行動を規定している」という命題ですから、当然さまざまな学術用語や専門用語を駆使しなくては論じられない。けれども、私はそれをできるだけ具体的な生活言語を使って論じようとしています。学術論文の形式ではなく、大学のゼミや居酒屋での同僚とのおしゃべりのときのしゃべり方と同じ語法で語ろうとしている。そうしないと「何を言ってるかわからない」からです。

本書ではここまでヘーゲルとかハイデガーとか丸山眞男とかを引用してきていますが、彼らの文章はいわば「真名」に相当します。ですから、引用の後に「というようなことを偉い学者は言っていますが、これは平たく言えば……」というふうな「仮名に開く」パラフレーズ作業を必ず行います。コロキアルな生活言語の中に「真名」的な概念や術語を包み込んで、コーティングして、服用し易くする。このような努力は日本人にとっては本態的なものだと思うからです。まさに私たちの祖先はそのような仕方で外来の文化を取り込んで「キャッチアップ」してきたからです。

けれども、私が知る限り、学術的論件をコロキアルな語法で展開するということに知的リソースを投じるという習慣は欧米にはありません。学術的論件は学術的用語で語られ、生活的事象は生活言語で語られる。哲学用語に生活言語が流用されることはしばしばありますが——ハイデガーの「dasein（そこにいる）」とか、レヴィナスの「visage」（顔）とか——それは哲学用語の語彙を拡大するためであって、哲学を学んだことのない生活者にも話をわかりやすくするためではありません（よけいわかりにくくなるだけです）。

それは私たち日本人が生活実感から遊離した、圭角のある概念を柔らかく包み込むために、コロキアルな生活言語を拡げたり伸ばしたり曲げたりたわめたりする努力とは無縁のものです。欧米人の学者たちにはそもそものような「努力」が存在しなければならない理由が（つまり、私のような人間がこういう本を書く理由が）理解できないでしょう。というのは、これは「翻訳」の一種だからです。母語で哲学している人たちには、それをいちいち土着語に翻訳しないと、読者に「話が通じない」という辺境人の苦労はわからない。

では、帝国主義列強の植民地支配に屈していたアジア、アフリカの諸国ではどうでしょうか。そういう「努力」は日本と同じようになされているのでしょうか。私は日本のような仕方で努力している国は他にはないのではないかと思います。

先ほども申し上げました通り、東アジアの旧辺境国（韓国やベトナム）は彼らのハイブリッド文字を棄てました。フィリピンは二重言語国ですが、知的職業の公用語は英語です。母語は生活言語としては残っていますが、それで例えば国際政治や哲学を論じることはできない。そのための語彙が彼らの母語には存在しないからです。ですから、英語のできないフィリピン人は知的職業に就くことができない。他の旧植民地国はどこも同じ事情です。韓国でもベトナムでも母語しかできない人にはしだいに大学のポストがなくなりつつあります。その中で、日本だけが例外的に、土着語だけしか使用できない人間でも大学教授になれ、政治家になれ、官僚になれます。これは世界的にはきわめて例外的なことなのです。

それは英語やフランス語で論じられることは、ほぼ全部日本語でも論じることができるからです。どうして論じられるかといえば、外来の概念や術語をそのつど「真名」として「正統の地位」に置いてきて、それをコロキアルな土着語のうちに引き取って、圭角を削って、手触りの悪いところに緩衝材を塗り込んで、生活者に届く言葉として、人の肌に直に触れても大丈夫な言葉に「翻訳」する努力を営々と続けてきたからです。

## 日本人の召命

明治初年に日本は英語、フランス語、ドイツ語で書かれた大量の文献を翻訳しました。その過程で、わずか二十年ほどの間に、現在私たちが使っている自然科学、社会科学関連の術語のほとんどは訳語として作られました（「自然」も「社会」も「科学」も彼らの発明です）。

別にアカデミー・フランセーズのような中枢的な組織があって訳語を統一したわけではありません。福沢諭吉や加藤弘之のような学者たちが次々と試訳を作り、その中で使い勝手のよいものが残ったのです。

よく知られているように、philosophyに「哲学」という訳語を当てたのは西周（にしあまね）です。西はそのほかに主観、客観、概念、観念、命題、肯定、否定、理性、悟性、現象、芸術、技術などの訳語を作り出しました。そして、その訳語が中国でも用いられた。

中江兆民の『民約論』はルソーの『社会契約論』をフランス語から直接漢訳したものです（それが辛亥（しんがい）革命の理論的基礎を築いたと言われています）。

なぜ中国の人たちは日本人の作った漢訳を読み、自身で訳さなかったのか。

日本人にとって、欧米語の翻訳とは要するに語の意味を汲んでそれを二字の漢字に置き換えることだったからです。西周の例を見てわかるように、彼がしたのも実は日本語訳ではなく漢訳なのです。外国語を外国語に置き換えただけです。ベースになるスポンジケーキは同じものの使い回しで、トッピングだけ変えたのです。日本語が二重構造を持っているから、これは可能だった。

でも、清末の中国人にはそれと同じことができなかった。不可能ではなかったでしょうけれど、つよい心理的抵抗を感じた。これまで中国語になかった概念や術語を新たに語彙に加えるということは、自分たちの手持ちの言語では記述できない意味がこの世界には存在するということを認めることだからです。自分たちの「種族の思想」の不完全性とローカリティを認めることだからです。ですから、中国人たちは外来語の多くをしばしば音訳しました。外来語に音訳を与えるということは、要するに「トランジット」としての滞在しか認めないということです。母語にフルメンバーとしては加えない、それが母語の意味体系に変更を加えることを認めないということです。

現に、清末の洋務(ようむ)運動は近代化をめざしながら、イデオロギー的には「中体西用」論から抜け出ることができませんでした。西洋の「用」(武器や軍艦)はすぐれているけれど、「体」(制度や文化)は中国の方が上位であり、西洋の文物ももとをただせば、みな中国起源のものであるという自民族中心主義的な思想です。

明治維新の後の日本はそういう考え方はとらなかった。なにしろ外来の語に「真名」の地位を譲り、土着語の方を「仮名」すなわち一時的で、暫定的なものとして扱うという辺境固有の言語観になじんできたわけですから、外来語——ということは「強者の種族の思想」ということです——の応接は手慣れたものです。明治の日本が中国や李氏朝鮮を取り残して、すみやかな近代化を遂げ得た理由はこの日本語の構造のうちに読み取ることができるだろうと私は思います。

かつて岸田秀は日本の近代化を「内的自己」と「外的自己」への人格分裂という言葉で説明したことがありました。世界標準に合わせようと卑屈にふるまう従属的・模倣的な「外向きの自己」と、「洋夷」を見下し、わが国の世界に冠絶する卓越性を顕彰しようとする傲岸な「内向きの自己」に人格分裂するというかたちで日本人は集団的に狂ったというのが岸田の診断でした。この仮説は近代日本人の奇矯なふるまいをみごとに説明した理論で、現在に至るまで有効な反証事例によっては覆されていないと思います。

岸田の理論に私が付け加えたいと思うのは、この分裂は近代日本人に固有のものではなく、列島の「東夷」という地政学的な位置と、それが採用した脳内の二箇所を並行使用するハイブリッド言語によって、「外」と「内」の対立と架橋(かきょう)は私たちの文化の深層構造を久しく形成していたというアイディアです。

古来、この国は外来の概念を「正嫡(せいちゃく)」として歓待し、土着の概念を「庶子」として冷遇するというふるまいを繰り返してきました。この二項対立は漢語とやまとことば、文語と口語、建前と本音、男性語と女性語といった一連の対として、あらゆる言語的な層で反復されました。

日本に限らず、あらゆる文化はそれぞれ固有の二項対立図式によってその世界を秩序立てます。とりあえず、それぞれのしかたで世界を対立する二項によって分節する。「昼と夜」、「男と女」、「平和と戦争」、こういう二項対立のリストは無限に続けることができます。ラカンは対立による秩序の生成について、こう書いています。

「これらの対立は現実的な世界から導き出されるものではありません。それは現実の世界に骨組みと軸と構造を与え、現実の世界を組織化し、人間にとって現実を存在させ、その中に人間が自らを再び見出すようにする、そういう対立です。[72]」

その点では、私たちがしてきたこともそれほど奇矯なふるまいではありません。ただ、私たちは華夷秩序の中の「中心と辺境」「外来と土着」「先進と未開」「世界標準とローカル・ルール」という空間的な遠近、開化の遅速の対立を軸にして、「現実の世界を組織化し、日本人にとって現実を存在させ、その中に日本人が自らを再び見出すように」してきた。その点が独特だったのではないか。そういうことだと思います。それが「いい」ということでもないし、それだから「悪い」ということでもない。こういう二項対立は世界標準に照らして変だから、これを廃して、標準的なものを採用しようという発想そのものがすでに日本人的な二項対立の反復に他ならないということです。

さしあたり私たちにできるのは「なるほど、そういうものか」と静かに事態を受け止めて、私たちの国の独特な文化の構造と機能について、できる限り価値中立的で冷静な観察を行うことではないかと思います。とりあえずそこから始めるしかない。

以前別の本でも取り上げたことですが、九〇年代に日本にフェミニズム言語論というものが入ってきたことがありました。そのときはずいぶん勢いがよくて、一時期、文学研究はほとんど「ジェンダー論」一色に染まったことがあります。その基幹的な主張の一つは「女性に固有のことばを奪還せよ」というものでした。

あらゆるテクストは「性化」(sexualize) されている。無性の、あるいは中性のテクストというものは存在しない。これまで女性たちが読まされてきたテクストはすべて「男性の書き手、男性の主人公、男性の読者」という三重の拘束によって、男性中心的に編成されてきたものである。だから、すべての人間は――男であろうと女であろうと――男として書き、男として読むように訓練されてきている。フェミニストはそう主張しました。そして、そのような仮説に基づいて、文学のカノンが次々と「男性中心主義的イデオロギーのプロパガンダ装置」として告発されていったのでした。

私はこのときに、「女性に特化した言語を創出しなければならない」というリュス・イリガライらの論をそのまま日本の言語状況に適用して怪しまないフェミニストの「世界標準準拠主義」の徹底ぶりに驚きました。現に、日本語には「女性語」があるわけで、そのことをこの人たちはどう考えているのか。私たちの国語には、女性に特化した人称代名詞があり、活用語尾があり、単語がある。それが土着の、コロキアルな、本音の言語であり、男性語に「斜めから」切り込むことで、男性語が語る命題の硬直性や空語性を暴露する批評的機能を果たしている。その女性語の果たしている役割をまったく無視して、主語人称代名詞を一つしか持たず、女性に特化した動詞も助詞も持たない英語やフランス語の話者が自国語の文法構造を「世界標準」に見立てて作り上げた言語理論を無批判に受け容れている。

外来の知見を「正系」に掲げ、地場の現実を見下す。これが日本において反復されてきた思想状況です。フェミニズム言語論では、この構図がそのまま忠実に反復されました。ですから、このときは外来のブランニューな理論を掲げて、地場の「遅れた」文学を組上（そじょう）に載せて批判したフェミニストたちは「男性ジェンダー化」していたのです。そして、それに対して「何だか、現実離れしたことを言ってるなあ」と物陰でぶつぶつ文句を言っている私のような人間の言葉は「女性ジェンダー化」していた。

別に私はフェミニストが間違っていて、私が正しかったと言っているのではありません。日本語では、いつだって「外来の高尚な理論＝男性語」と「地場のベタな生活言語＝女性語」の二項対立が反復されるということを申し上げたかっただけです。そして、その相克のダイナミズムのうちに、私たちの言語が豊饒化する契機もまた存在する。私はそう思っています。

私たちの言語を厚みのある、肌理の細かいものに仕上げてゆくことにはどなたも異論がないと思います。でも、そのためには、「真名」と「仮名」が絡み合い、渾然一体となったハイブリッド言語という、もうそこを歩むのは日本語だけしかいない「進化の袋小路」をこのまま歩み続けるしかない。孤独な営為ではありますけれど、それが「余人を以ては代え難い」仕事であるなら、日本人はそれをおのれの召命として粛然と引き受けるべきではないかと私は思います。

# 終わりに

最後までお読みくださってありがとうございます。

「日本辺境論」、「日本属国論」というのは、二〇〇五年くらいから折に触れて論じた主題でした。もともとは自衛隊と九条二項の「矛盾」を論じた『9条どうでしょう』の論考を書いたときに得たアイディアです。

九条と自衛隊の「矛盾」という「フェイクの問題」をめぐって、改憲派と護憲派が半世紀にわたってドメスティックな議論をしてきた。それによって、私たち国民は「日本はアメリカの属国である」という事実を意識に前景化させることを回避し、かつまた政府はアメリカの軍事的同盟国として出兵させられる機会を先送りできた。

よく出来た政治的装置だったと思います。そのときに、「日本人というのは、なかなかしたたかな国民だな」という印象を持ちました。

でも、このような込み入った作業を私たちは意識的に行っているわけではありません。なんとなく、そうなってしまう。だとしたら、それは私たちの文化の深層に刻み込まれた「生き延びるための知恵」のようなものの発露ではないのか。そんなアイディアがふとひらめきました。

本文でも触れた、岸田秀の「外的自己・内的自己」論は近代日本人に取り憑いた「狂気」を鮮やかに分析したものです。『9条どうでしょう』の論考を書いたときに、私は岸田理論を踏まえて、「狂気を病むことによって日本人はどういう疾病利得を得たか？」という問題を立ててみました。そして、この狂気は、戦後日本に、差し引き勘定で相当の利得をもたらしたという結論に達しました。

なるほど、「病むことによって利益を得る」ということもあるのか。でも、そのような複雑な手続きは、それなりの成功体験の蓄積がなければできないことです。このような「佯狂（狂ったふりをする）」戦略を日本人はいったいいつから、どういう経緯で採用し、どういう経験を通じてそれに熟達するようになったのか。それについて考えてみました。

たしかに、「面従腹背」というのは私たちの得意芸の一つです。「担ぐ神輿(みこし)は軽い方がいい」と言い放ったキングメーカーもかつていました。外来の権威にとりあえず平伏して、その非対称的な関係から引き出せる限りの利益を引き出す。これはあるいは日本人が洗練させたユニークな生存戦略なのかも知れない。ネガティヴな言い方をすれば「辺境人にかけられた呪い」ということになるのでしょうけれど、一つの社会集団が長期にわたって採用している生存戦略である以上、「欠点だらけ」ということはあっても「欠点だけ」ということはあるまい。欠点を補うだけの利点が何かあるに違いない。そういう視点からこの小論を書くことになりました。

私なりの結論は、「学び」と「信」をめぐる章にだいたい書いておきました。ややこしい話ですので、もうここでは繰り返しませんが、私なりに「先に繋がる」論点をいくつか提出できたのではないかと思っています。「機の時間論」はこのあと書く予定のレヴィナス三部作の最終巻「レヴィナスの時間論」への架橋的な命題となりうるような気がします。いずれみなさんは「澤庵とレヴィナス」というようなタイトルの文章を私の本の中に見出すことになると思います。本書ではあと「アブラハム・アブラフィアと白川静」の比較がなされていますが、これも機会があったらもう少し展開してみたい論件でした。

というように、「日本文化の特殊性」だと思ってあれこれ書き込んでゆくと、どうもユダヤ教思想に出くわすことが多々ありました。そう思うと、山本七平が案出した『日本人とユダヤ人』という枠組みはなかなか侮れないものであることがわかります。第一、よく考えてみたら、この本のタイトルは『私家版・日本文化論』でもよかったわけです。『私家版・ユダヤ文化論』を書いた後にこの本が書きたくなったということは、少なくとも私の中では何かが繫がっているんでしょう。

本書は最初にお断りしてありますように「大風呂敷」ですから、大小無数の「穴」が開いております。いろいろな方面から「穴」めがけてのご批判が殺到するかと思いますが、本書をきっかけに「日本人とは何ものか？」という（それを論ずることそのものが国民的アイデンティティのあかしであるような）主題について、多くの知見が語られることを期して筆を擱きたいと思います。

最後になりましたが、本書の執筆を約束してから長い間、気長にお待ちくださいました新潮社の足立真穂さん、三重博一さん、後藤裕二さんのご海容に感謝申し上げます。

また、本書の中核的なアイディアである「マンガ脳」については養老孟司先生から眼からウロコ的ご教示を賜り(たまわ)ましたことについてお礼申し上げます（受け売りで本書いて済みません）。「機」の武道的意味については多田宏先生（合気会師範、合気道九段）から多くを教えていただきました（先生は「そんな話はしてないけど……」とお思いのところもあるやも知れませんが、弟子というのは師が教えていないことを勝手に学んでしまうものなので、どうかご容赦ください）。そして、高橋源一郎さん、加藤典洋さん、橋本治さんからは本書の主題について実に多くのことをご教示いただきました。伏してお礼申し上げます。そのほか、それぞれのお仕事を通じて私をインスパイアしてくださったすべての方に感謝いたします。いつもどうもありがとう。

二〇〇九年晩夏　内田樹

# 註

（冒頭の番号は註番号。原則として同じ著作物については同じ項としてまとめた。末尾に出典内の頁数を可能な範囲で入れた）。

1　Albert Camus, 'Le mythe de Sisyphe', in Essais, Gallimard, 1965, p.196

2　カール・マルクス、「コミュニスト宣言」、『マルクス・コレクション　Ⅱ』、今村仁司他訳、筑摩書房、2008年、345頁

3／4　その後、翻訳されました。ローレンス・トーブ、『3つの原理』、神田昌典監訳、ダイヤモンド社、2007年、14頁

5　司馬遼太郎、『この国のかたち　六』、文春文庫、2000年、216頁

6　梅棹忠夫、『文明の生態史観』、中公文庫、1974年、41―42頁

7／8／9　丸山眞男、「原型・古層・執拗低音」、『日本文化のかくれた形（かた）』、岩波現代文庫、2004年、138―139頁／147頁（強調は丸山）／149―150頁

10　川島武宜、『日本人の法意識』、岩波新書、1967年、172頁（強調は川島）

11　吉田満、『戦艦大和ノ最期』、講談社文芸文庫、1994年、46頁

12　ルース・ベネディクト、『菊と刀』、長谷川松治訳、社会思想社、1967年、51頁

13　池部良、『ハルマヘラ・メモリー』、中央公論社、1997年、369頁

14／15　丸山眞男、「超国家主義の論理と心理」、『現代政治の思想と行動』、未來社、1964年、20頁／20―21頁（強調は丸山）

16　山本七平、『「空気」の研究』、文春文庫、1983年、18―19頁（強調は山本）

17／18／19／20／21／22　丸山眞男、「超国家主義の

論理と心理」、「軍国支配者の精神形態」、『現代政治の思想と行動』、未來社、1964年、24頁（強調は丸山、以下同じ）／107頁／108頁／108―109頁／109頁／109頁

23 丸山眞男、『日本の思想』、岩波新書、1961年、34―35頁

24／25／26 丸山眞男、「軍国支配者の精神形態」、『現代政治の思想と行動』、未来社、1964年、すべて96頁（強調は丸山）

27 司馬遼太郎、『この国のかたち五』、文春文庫、1999年、205―206頁（強調は司馬）

28／29／30／31／32／33／34／35 朝河貫一、『日本の禍機』、講談社学術文庫、1987年、130頁／40頁／126頁／130―131頁／134頁／137頁／136頁／136頁

36／37／38 エンゲルス、『空想から科学へ』、大崎平八郎訳、角川文庫、1967年、24―25頁／28頁／35頁

39 Albert Camus, Interview a 'Servir', in Essais, Gallimard, 1965, p.1427

40／41 高橋源一郎、柴田元幸、『小説の読み方、書き方、訳し方』、河出書房新社、2009年、62―63頁／64頁（強調は引用者）

42 司馬遼太郎、『坂の上の雲（一）』、文春文庫、1978年、75頁

43／44／45／46／47／48／49／50 新渡戸稲造、『武士道』、矢内原忠雄訳、岩波文庫、1938年、11頁／130頁／104頁／132頁／67頁／68―69頁／66頁／69―70頁

51 池谷裕二、『単純な脳、複雑な「私」』、朝日出版社、2009年、60頁

52／54 鈴木大拙、『日本的霊性』、岩波文庫、1972年、56―57頁／59頁（強調は引用者）

53 親鸞、『歎異抄』、金子大栄校注、岩波文庫、1931年、43頁

55／56 鈴木大拙、『新編東洋的な見方』、岩波文庫、

1997、172—173頁（強調は引用者）／57頁
57／58　澤庵禅師、「不動智神妙録」、『禅入門8—沢庵』、市川白弦編、講談社、1994年、55—56頁／67—69頁
59　篠田鉱造、『明治百話（上）』、岩波文庫、1996年、28頁
60／61　Claude Levi-Strauss, La Pensee sauvage, Plon, 1962, p.31 /p. 297
62／63／64／65　G・W・F・ヘーゲル、『精神現象学』、長谷川宏訳、作品社、1998年、55頁／13頁／14頁／543頁・125頁
66／67　マルチン・ハイデガー、『物への問い』、ハイデッガー全集41、高山守他訳、創文社、1989年、81頁（強調はハイデガー、以下同じ）／81—82頁
68　ハイデガー、『存在と時間』、原佑他訳、「中央公論世界の名著62」、1971年、400頁
69　白川静、「中国古代の文化」、『白川静著作集7』、平凡社、2000年、135頁
70　白川静、「古代中国の民俗」、『白川静著作集7』、304頁
71　ゲルショム・ショーレム、『ユダヤ神秘主義』、山下肇他訳、法政大学出版局、1985年、182頁
72　ジャック・ラカン、「原初的シニフィアンと、そのうちのあるものの欠損」、『精神病（下）』、小出浩之他訳、岩波書店、1987年、71頁

内田樹　1950(昭和25)年東京都生まれ。東京大学文学部卒。東京都立大学大学院人文科学研究科博士課程中退。現在、神戸女学院大学文学部総合文化学科教授。専門は、仏現代思想、映画論、武道論。

Ⓢ新潮新書

336

日本辺境論（にほんへんきょうろん）

著者　内田樹（うちだ　たつる）

2009年11月20日　発行
2011年 2 月25日　27刷

発行者　佐藤隆信
発行所　株式会社新潮社
〒162-8711　東京都新宿区矢来町71番地
編集部(03)3266-5430　読者係(03)3266-5111
http://www.shinchosha.co.jp

印刷所　株式会社光邦
製本所　株式会社植木製本所



ISBN978-4-10-610336-0　C0233

価格はカバーに表示してあります。